Rosemarie Portmann

Spiele zum Umgang mit Aggressionen

W0190535

Don Bosco

Die Deutsche Bibliothek – CIP-Einheitsaufnahme

Portmann, Rosemarie:
Spiele zum Umgang mit Aggressionen / Rosemarie Portmann. –
4. Aufl. – München : Don Bosco, 1998
ISBN 3-7698-0796-0

4. Auflage 1998 / ISBN 3-7698-0796-0
© by Don Bosco Verlag, München
Umschlag und Illustrationen: Felix Weinold
Gesamtherstellung: Salesianer Druck, Ensdorf

Gedruckt auf chlorfrei gebleichtem, umweltfreundlichem Papier

Inhalt

Ich-Stärke und Selbstwertgefühl aufbauen 87

Nicht-aggressive Beziehungen aufnehmen

1. Mit Wut und Aggression friedfertig leben lernen

Einführung ins Thema

Kindern und Jugendlichen wird heute starke Ich-Bezogenheit und zunehmende Aggressivität nachgesagt. Entsprechend der Veränderungen ihrer Sozialisationsbedingungen, durch das Kleinerwerden der Familien und die Brüchigkeit menschlicher Bindungen sind ihre Möglichkeiten, soziale Erfahrungen zu machen, kleiner geworden. Vielen fällt es schwer, positive Kontakte zu anderen aufzunehmen, sich in eine Gruppe einzufügen, aufeinander einzugehen, sich zurückzunehmen und Konflikte konstruktiv auszutragen. Klagen über Aggressivität von Kindern und Jugendlichen und die Schwierigkeit, mit ihnen fertig zu werden, sind im übrigen nicht so neu, wie viele Situationsschilderungen glauben machen wollen. Aggressives Verhalten von Kindern und Jugendlichen wurde auch schon zu früheren Zeiten als das am meisten störende und am schwersten zu beeinflussende Verhalten beschrieben. Umso erstaunlicher ist, daß die pädagogischen Bemühungen, die Entwicklung von Methoden und Maßnahmen, zu den anhaltenden Klagen in keinem Verhältnis stehen. Die pädagogischen Möglichkeiten werden vielfach nicht genutzt. Die Erziehung der Gefühle spielt meist keine Rolle. Fertigkeiten, die Kinder und Jugendliche erwerben müssen, um ihre wütenden und aggressiven Impulse beherrschen zu lernen und befriedigende Beziehungen zu anderen aufnehmen und aufrechterhalten zu können, werden nicht eingeübt. Fähigkeit und Bereitschaft, konstruktives, friedfertiges Konfliktlöseverhalten zu praktizieren, werden selten vermittelt. Kindern und Jugendlichen wird meistens nur nahegelegt, „sich zu vertragen". Pädagogisches Handeln ist stark auf Harmonisierung angelegt, bei der es eher um das Vermeiden von Konflikten als um ein ernsthaftes Sich-Einlassen auf Probleme geht. Konflikte werden überwiegend auf konventionelle Art und Weise, durch Suche nach den „Schuldigen" und Zurechtweisen bearbeitet. Die Umwelt reagiert auf aggressives Verhalten mit Bestrafung, Vergeltung und sozialer Ablehnung. Dies wird von den Betroffenen als zusätzliche Bedrohung erlebt und führt nicht zur Verminderung ihrer Wut und Aggressivität, sondern setzt neue Aggressionen in Gang.

Hinzu kommt, daß der Begriff „Aggressivität" in unserer Gesellschaft sehr ambivalent besetzt ist. In vielen Fällen wird Aggressivität belohnt: „Richtige" Jungen und Männer müssen natürlich auch „aggressiv" und „kämpferisch" an die Dinge herangehen. Jeder Sportreporter fordert von Fußballspielern mehr „Aggressivität", wenn sie zu verlieren drohen. Nicht ohne Grund ist die unbeherrschte, körperlich verletzende Auseinandersetzung hauptsächlich ein Problem von Jungen und männlichen Jugendlichen.

Die bewußte, zielgerichtete pädagogische Auseinandersetzung mit Wut und Aggressivität tut not. Dabei kann es nicht darum gehen, Kindern und Jugendlichen Wut, Aggressivität und Streit „abzugewöhnen". Wut ist ein hochgespannter innerer Reizzustand, der immer wieder auftreten wird und nicht „hinuntergeschluckt" werden darf. Wer seine Gefühle ständig im Zaum hält, verliert seine Lebendigkeit und gibt seiner Umgebung keine Chance zu reagieren. Aggressivität ist nicht von vorneherein dasselbe wie Gewalt. Auch wenn der Begriff im allgemeinen gleichgesetzt wird mit absichtlicher Zerstörung oder dem Zufügen physischer und psychischer Schmerzen, bedeutet Aggression im Wortsinn

„Herangehen", „Angreifen" im Sinne von Berühren und beschreibt – nicht nur negative – Antriebsenergie. Wer gut miteinander auskommen will, muß lernen, sich zu streiten! Ununterbro-
chene Harmonie würde das Leben langweilig und unerträglich
machen.

Unterschiedliche Meinungen und Interessen machen es
reizvoll, sie müssen ausgesprochen, Konflikte durchgestanden
und ausgetragen werden – ohne gegenseitige Verletzungen und
Beschädigungen.

Dazu brauchen Kinder und Jugendliche pädagogische Unterstützung.

2. Übungen und Interaktionsspiele als pädagogische Möglichkeit

Eine leicht zu erlernende und wenig aufwendige Möglichkeit, pädagogische Prozesse zur konstruktiven Bewältigung von Wut und Aggression in Gang zu setzen, sind Interaktionsspiele und Übungen. Spiele bieten Kindern und Jugendlichen offene Interaktionssysteme, die es ihnen ermöglichen, vielfältige Erfahrungen mit sich selbst und anderen zu machen. Sie können ihre Gefühle und Bedürfnisse mit in die Spielsituation einbringen, aktiv und selbstbestimmt handeln und die Konsequenzen ihres Handelns angstfrei erfahren. Dies gilt im besonderen für soziale Spiele, d.h. für Übungen und Spiele ohne Sieg und Niederlage. Um positive soziale Prozesse in Gang zu setzen, sind Wettkampfspiele nicht geeignet. Das „Siegen-Wollen" führt zu starker psychischer Anspannung, so daß veränderte, sozial erwünschte Verhaltensweisen kaum gelernt werden können. Soziale Spiele und Übungen ermöglichen dagegen vielfältige Beziehungen zwischen den Gruppenmitgliedern, nicht nur auf der sachlichen, sondern gerade auch auf der emotionalen Ebene. In sozialen Spielen können Kinder und Jugendliche festgefahrene Verhaltensmuster überwinden und Fähigkeiten üben, die für prosoziales Handeln notwendig sind.

Im Spiel werden wichtige Lernprozesse angeregt; Spielen ist aber dennoch keine „Ernst"-Situation. Im Spielen ist vieles erlaubt und kann Spaß machen, was im alltäglichen Leben peinlich wirken oder mit Sanktionen belegt würde. Dazu gehören z.B.

- die Dynamik von Spannung und Entspannung,
- die Phantasieentfaltung bis hin zum
- Unsinn bei manchen Spielen, z.B. Wortspielen,
- die Bewegung und der Körperkontakt bei vielen Spielen,
- erlaubtes „aggressives" Verhalten
- und nicht zuletzt die Freude am Wiedererkennen, Sicherheit und Lustgewinn aus der Wiederholung.

Im sozialen Spiel werden Interaktionen besonders deutlich erfahrbar, weil sie durch das Reglement des Spiels ritualisiert sind. Diese Interaktionsrituale erfüllen unterschiedliche Funktionen:
- Sie dienen der sozial kontrollierten Strukturierung im Alltag häufig wiederkehrender Situationen;
- sie dienen der selektiven Reduzierung von Komplexität;
- denn sie erleichtern die Interaktion durch die Reduzierung von Verhaltensmöglichkeiten
- und reduzieren dadurch Unsicherheit und Angst.

Im sozialen Spiel kann aggressives Verhalten in ausgewählter Weise und durch Regelrituale gemäßigt strategisch genutzt und somit nicht-aggressiven Absichten nutzbar gemacht werden. Spiele und ähnliche Übungen können außerdem eine gewisse Ventilfunktion haben und somit der Spannungsabfuhr dienen. Spielen in der Gruppe schafft die Grundlage, Gespräche über ein Thema zu führen, bei dem alle von gleichen oder ähnlichen Erfahrungen ausgehen (sie haben zuvor etwas gemeinsam erlebt). Das hat eine andere Qualität als ein Vortrag, ein Text oder ein Film als Einführung.

Kinder und Jugendliche, die sich aggressiv verhalten, haben häufig ein gestörtes Körperbewußtsein. Sie sind nicht in der Lage, „positive" Körperkontakte aufzunehmen. Im Spiel – z.B. gerade bei Bewegungsspielen – können sie lernen, den eigenen Körper zu erkunden und zu beherrschen, sich berühren zu lassen und andere freundschaftlich zu berühren. Bewegungsspiele sind im Zusammenhang mit Wut und Aggressionen auch deshalb besonders wichtig, weil die psychomotorischen Bedürfnisse von Kindern und Jugendlichen immer noch zu wenig berücksichtigt werden.

In Interaktionsübungen und Spielen können Aggressionen ritualisiert werden. Solche Aggressionsrituale („Scheinkämpfe")
- dienen der Äußerung von Ärger und Feindseligkeit;
- erlauben eine erleichternde Regression, d.h., sie führen weg von gesellschaftlichen Zwängen.
- Die wechselseitigen irrationalen Angriffe im rituellen Rahmen

schaffen paradoxerweise Solidarität und Vertrauen bei den Beteiligten.
- Sie sensibilisieren für die gesellschaftliche Definition von aggressivem Verhalten.
- Tabus, z.b. Schimpfwörter, können ohne Peinlichkeit und Sanktion ausgesprochen werden.
- Rollentausch, auch mit hierarchischen Umkehrungen, wird möglich.

Aggressionsrituale sind im übrigen nicht nur „Spielerei", bei vielen Naturvölkern sind sie Praxis. Rituale, wie sie in Interaktionsübungen und Spielen zum Tragen kommen, bergen allerdings auch eine Gefahr, nämlich die, befreiend zu wirken, ohne es tatsächlich zu sein. Auch deshalb ist die „Kommunikation danach" über die Erfahrungen im Spiel in jedem Fall wichtig.

Die Möglichkeiten sozialer Spiele sind bisher bei weitem nicht ausgeschöpft, sie dürfen aber auch nicht überbewertet werden. Spiele und Interaktionsübungen können helfen, soziale Lerndefizite auszugleichen und korrigierende soziale und emotionale Erfahrungen zu vermitteln. Sie können durch Variationen speziell auf die Bedürfnisse und Situationen einer Gruppe zugeschnitten werden. Sie sind aber kein Allheilmittel und in gar keinem Fall Therapie! Für „sprachlose" Kinder und Jugendliche ermöglichen sie häufiger einen Zugang zu ihren Gefühlen als Gespräche. Je mehr positive Spiel-Erfahrungen sie machen können, desto eher werden sie sich öffnen. All das wird natürlich nur gelingen, wenn die Spiele und Übungen in einer annehmenden Atmosphäre stattfinden, wenn Kinder und Jugendliche mit Achtung behandelt und ihre Bedürfnisse ernst genommen werden.

Interaktionsspielen und Übungen können besondere Lernziele zugrundegelegt werden. Solche Ziele sind z.B.:
- aggressive Gefühle wahrnehmen und ausdrücken;
- Auslöser für Wut und Aggression erkennen;
- sich selbst und andere besser verstehen;
- Wut und Aggression beherrschen und abbauen;
- Ich-Stärke und Selbstwertgefühl aufbauen;

– nicht-aggressive Beziehungen aufnehmen;
– Konflikte friedlich lösen.
Die Ziele, die verfolgt werden, sind nicht immer klar zu trennen.
Die Einteilung von Spielen und Übungen nach Lernzielen wird
durch deren Komplexität erschwert, die zwar geringer ist als die
der realen Ereignisse, dieser manchmal aber nahekommen kann.
Es ist nur möglich, Schwerpunkte zu setzen. Mit dieser Einschrän-
kung ist auch die folgende Zuordnung der Interaktionsspiele und
Übungen zu den genannten Lernzielen zu verstehen.

Methodisch-didaktische Hinweise

Die vorliegende Sammlung enthält in der Praxis erprobte Übungen und Spiele. Bei der Auswahl wurde darauf geachtet, möglichst viele unterschiedliche Möglichkeiten für ein ganzheitliches
Lernen aufzuzeigen.
Altersangaben und Variationsmöglichkeiten wurden mit Absicht
nicht hinzugefügt. Die Inhalte der meisten Übungen und Spiele
können bei entsprechender Angleichung von Inhalten und Regeln
ohne Probleme mit Kindern und Jugendlichen unterschiedlichen
Alters durchgeführt werden. Damit die Spiele und Übungen die
beabsichtigten Lernprozesse in Gang setzen, müssen sie sensibel
auf die aktuelle Befindlichkeit der Gruppe und ihrer einzelnen
Mitglieder abgestimmt werden.
Der Einsatz der Spiele und Übungen braucht im allgemeinen
keine besondere Vorbereitung. Die überwiegende Mehrzahl wird
ohne Material durchgeführt. Das in Einzelfällen erforderliche einfache „Alltags-Material" wird jeweils am Anfang der Spielbe-
schreibung genannt.
Voraussetzung für das Gelingen der Spiele und Übungen ist das
Bemühen um ein vertrauensvolles Klima in der Gruppe. Trotzdem

kann es geschehen, daß einzelne Kinder oder Jugendliche nicht mitmachen wollen. Sie dürfen nicht zur Teilnahme gedrängt werden, sollten aber im Raum bleiben.

Nicht alle Kinder und Jugendliche können sich auf andere einlassen – dies ist deshalb ja auch ein Ziel der Spiele und Übungen. Sie können aber durch (angst-)freies Zuschauen nach und nach Vertrauen gewinnen und sich dem Spielgeschehen annähern – bis sie schließlich mitmachen. Störungen durch sehr verunsicherte Kinder und Jugendliche hören nach einer anfänglichen Gewöhnungsphase im allgemeinen auf. Die Erfahrungen haben gezeigt, daß die Spiele und Übungen letztlich allen Spaß machen.

Nach jeder Übung, nach jedem Spiel muß Zeit zur Nachbereitung bleiben. Die Kinder und Jugendlichen brauchen Gelegenheit, über ihre Erfahrungen und Gefühle beim Spielen zu sprechen oder ihnen in Texten, Bildern, Bewegungen oder szenischen Darstellungen Ausdruck zu verleihen.

Um mit Kindern und Jugendlichen zu spielen, brauchen Pädagoginnen und Pädagogen keine besonderen Kompetenzen. Sie sollten aber selbst Freude am Spielen haben und jedes Spiel und jede Übung, bevor sie sie anbieten, selbst – am besten gemeinsam mit anderen – ausprobiert haben.

3. Übungen und Spiele für viele Situationen

3.1 Aggressive Gefühle wahrnehmen und ausdrücken

Kinder und Jugendliche verhalten sich – so wird behauptet – nicht nur zunehmend sozial-aggressiv, ihr aggressives Verhalten wird auch immer rücksichtsloser und ungehemmter. Sie quälen und mißhandeln ihre Opfer noch, wenn diese bereits besiegt oder ernsthaft verletzt sind. Sie überschreiten Grenzen, weil sie kein Gespür für die Gefühle der anderen haben.

Sozial-aggressive Kinder und Jugendliche haben oft aber auch keinen Zugang zu ihren eigenen Gefühlen. Um die Gefühle anderer differenziert und bewußt wahrnehmen zu können, müssen sie zunächst lernen, sich ihrer eigenen Gefühle bewußtzuwerden, diese zuzulassen und klar und unmißverständlich auszudrücken. Kinder und Jugendliche müssen die Erfahrung machen können, daß auch Ärger, Wut und Aggression Gefühle sind, die zu jedem Menschen gehören und die deshalb auch sie haben und äußern dürfen, ohne deswegen Angst zu bekommen oder sich schuldig fühlen zu müssen. Ärger, Wut und Aggression können erst dann kontrolliert und konstruktiv bewältigt werden, wenn sie nicht mehr verdrängt werden müssen. Kreative Übungen und Spiele können dabei neue Ausdrucks- und Bewältigungsmöglichkeiten eröffnen. Die Art und Weise, wie Menschen mit ihren eigenen Gefühlen und mit denen anderer umgehen, ist ein entscheidendes Kriterium dafür, wie sie miteinander zusammenleben und auskommen können.

1   Wenn ich wütend bin

Die Gruppe sitzt im Kreis. Reihum nennen die Kinder ihren Namen und zeigen, was sie tun, wenn sie wütend sind, z.B.:
– *Ich heiße Rosemarie. Wenn ich wütend bin, dann mache ich so:*
   macht mit der linken Hand eine Bewegung, als ob sie zuschla-
   gen wollte.
– *Ich heiße Thomas. Wenn ich wütend bin, dann mache ich so:*
   macht mit dem rechten Fuß eine Bewegung, als ob er treten
   wollte.
– *Ich heiße Johannes. Wenn ich wütend bin, dann mache ich so:*
   trommelt mit beiden zu Fäusten geballten Händen gegen seine
   Schläfen.
Usw.
Das Spiel kann auch als Kennenlernspiel und als Einstieg in die
Beschäftigung mit „Wut" und „Aggression" dienen.
Es wird schwieriger, wenn es nach Art des „Kofferpackens" ge-
spielt wird: Jedes Kind muß alle Namen und Wutäußerungen aller
Kinder vor ihm wiederholen, ehe es seinen Namen und seinen
„Wutausbruch" hinzufügt.

2   Hast du den wütenden Tom gesehen?

Alle Kinder sitzen im Kreis, nur eines geht in der Mitte umher.
Plötzlich bleibt es vor einem beliebigen anderen Kind stehen und
fragt es: „Hast du den wütenden Tom gesehen?"
Das Kind antwortet: „Ja." Daraufhin fragt das Kind in der Mitte
weiter: „Was tat er denn?" Das sitzende Kind macht nun vor, was
der „wütende Tom" tat, eine aggressive Bewegung, ein wütendes
Geräusch oder beides zusammen; alle im Kreis machen mit.
Nach einer Weile beendet das sitzende Kind – und mit ihm alle an-
deren – die Bewegung. Es tauscht mit dem im Kreis stehenden den
Platz und beginnt eine neue Spielrunde.

3   Körpersprache

Jedes Kind erhält einen Zettel, auf dem steht, welches Gefühl – ängstlich sein, gekränkt sein, ärgerlich sein, wütend sein, zärtlich sein, froh sein u.a. – es darstellen soll. Die „Gefühle" können natürlich auch mehrfach vergeben werden, damit jedes Kind mitspielen kann.

Die Gruppe versucht nach jeder Darstellung herauszufinden, welches Gefühl ausgedrückt werden sollte.

Zum Schluß wird gemeinsam im Gespräch herausgearbeitet, wodurch die unterschiedlichen Gefühle identifiziert werden konnten. Welche Gefühle sind leichter darzustellen und zu erkennen als andere? Welche Gefühle werden ähnlich ausgedrückt, so daß man schon genau aufpassen muß, um sie wahrzunehmen?

4   Gefühle malen

Für diese Übung sind Papier und Farbstifte oder Wasserfarben erforderlich.

Die Kinder malen die Gefühle, die sie haben, wenn sie „ausrasten": Wut, Ärger, Angst, Ohnmachtsgefühle – je nach Persönlichkeit, Situation und Stimmungslage. Wer möchte, erklärt sein Bild anschließend in der Ich-Form; der persönliche Bezug zu den dargestellten Gefühlen sollte deutlich werden.

In einer zweiten Malrunde kann ausprobiert werden, wie das Gefühls-Bild – durch Übermalen, Hinzufügen anderer Farben oder Formen u.ä. – positiv beeinflußt werden kann, so daß z.B. aus „Aggression" „Freundschaft", aus „Angst" „Selbstsicherheit" wird usw. Wie leicht oder schwer fällt es den einzelnen Kindern, ihre Gefühle zu malen? Wie leicht oder schwer ist es, aus Wut Friedfertigkeit zu machen?

5   Aggressions-Symbole

Die Kinder sitzen am Tisch. Vor jedem liegt ein größeres Stück Papier, und jedes hat einen Stift in der Hand. Wenn alle zur Ruhe gekommen sind, malen sie ein Symbol für ihre höchst persönliche – überdauernde – Art von Aggression aufs Papier. Anschließend schreibt jedes Kind eine kurze Erläuterung zu seinem Aggressions-Symbol, z.B.:

– „zackige rote Blitze, weil mein Zorn immer sehr schnell und heftig kommt und genauso schnell wieder vergeht";
– „Berge und dunkle Wolken am Horizont, weil meine Wut sich insgeheim auftürmt und mir lange die Stimmung verdirbt, ohne daß andere merken, daß ich wütend bin";
– „ein Feuerball, weil meine Wut heftig ist und zerstört". Usw.

Wer mag, kann beim Zeichnen auch die Augen schließen, um sich noch besser auf seine innersten Empfindungen konzentrieren zu können.

Sind alle fertig, sollte Zeit gegeben werden, die unterschiedlichen Symbole miteinander zu vergleichen und zu besprechen. Zum Schluß können alle Symbole auf einer Wandzeitung zusammengestellt und im Raum aufgehängt werden. Durch häufiges Betrachten können sie zum Verständnis der eigenen und fremder „Aggressions-Potentiale" beitragen.

6   Die Wut teilen

Kinder, die nicht besonders gut aufeinander zu sprechen sind und leicht in Streit geraten, malen zusammen ein „Wut-Bild". Sie setzen sich gegenüber, ein Blatt Papier zwischen sich, und wechseln sich – ohne miteinander zu sprechen – Linie für Linie, Strich für Strich, beim Zeichnen ab. Dabei versuchen sie, die Gefühle, die sie füreinander hegen, auszudrücken. Manchmal hilft schon das gemeinsame Tun, sich näherzukommen.

In jedem Fall sollte Gelegenheit gegeben werden, anschließend in einer Kleingruppe oder in der gesamten Gruppe miteinander zu sprechen. Wie waren die Gefühle beim gemeinsamen Zeichnen mit einem – eigentlich – ungeliebten Gegenüber?

7   Aggression im Bild

Aus alten Zeitungen oder Zeitschriften sucht und schneidet jedes Kind ein Bild aus, das nach seinem Gefühl „Aggression" ausdrückt.
Anschließend werden die Bilder gemeinsam betrachtet. Über einige, auf die die Gruppe sich geeinigt hat, wird gemeinsam diskutiert. Ist die Gruppe nicht allzu groß, sollten alle „Aggressions-Bilder" thematisiert werden.
Gibt es Inhalte, Farben, Formen, Darstellungsweisen u.ä., die besonders häufig gewählt, d.h. besonders leicht mit „Aggression" assoziiert wurden? Gibt es Kinder, die sehr ähnliche oder vielleicht sogar die gleichen Bilder ausgewählt haben?

8   Mit gemischten Gefühlen

Ein beliebiger Satz soll beim Sprechen gefühlsmäßig unterschiedlich ausgedrückt werden, z.B. der Satz: *„Kinder müssen jeden Tag zur Schule gehen."*
Dazu ziehen einige Kinder der Gruppe je ein Kärtchen, auf denen ein Wort für einen Gefühlsausdruck steht: zornig, freundlich, traurig, arrogant, neugierig u.a.m. Dann versuchen sie, den vereinbarten Satz mit Tonfall, Mimik und Gestik entsprechend auszudrükken.
Der Rest der Gruppe versucht, das jeweilige Gefühl zu erraten.
Wie haben die Kinder „ihr" Gefühl ausgedrückt? Wie schwierig

war es, nur mit der Stimme und der im Sitzen möglichen Gestik bestimmte Gefühlsausdrücke herzustellen? Welche Ausdrucksmittel haben die Kinder eingesetzt? Hat die Aussage des Satzes je nach Gefühlstönung eine andere Bedeutung bekommen?

9 Gesammelte Wut

Die Kinder sammeln „Wut-Wörter", indem sie auf andere zugehen und diese um ein „Wut-Wort" bitten. Die Angesprochenen lassen sich ein Wort einfallen, schreiben es auf ein Kärtchen oder einen Zettel und schenken es dem Kind.

Haben auf diese Weise alle Kinder mindestens fünf bis zehn verschiedene Wörter eingesammelt, schreiben sie daraus – unter Hinzufügung weiterer Füllwörter – ein „Wut-Gedicht" oder eine „Wut-Geschichte". Natürlich können sich auch Dichter-Paare oder Dichter-Gruppen zusammenfinden.

Die eingesammelten „Wut-Wörter" könnten z.B. sein: sauer – prügeln – Krach – Tritt – petzen – Doofi ...

Die „gereimte Wut" könnte sich etwa so anhören:

Nach dem Krach dort auf den Hügeln
will ich mich mit Hugo prügeln.
Erst ein Stoß und dann ein Tritt!
Ich bin sauer, gitt-igitt!
Immer muß der Doofi petzen,
unsern Lehrer auf mich hetzen ...

Die fertigen „Wut-Texte" werden laut vorgetragen und – eventuell noch durch Zeichnungen ergänzt – im Gruppenraum aufgehängt oder als „Wut-Buch" zusammengeheftet.

10 Schimpfwörter-ABC

Schimpfwörter werden meistens nicht gern gehört. Dabei kann Schimpfen ausgesprochen befreiend sein. In dieser Übung darf deshalb nach Herzenslust geschimpft werden.

Jedes Kind schreibt die Buchstaben des Alphabets untereinander auf ein Blatt Papier (x und y werden am besten weggelassen) und sucht für jeden Buchstaben so viele Schimpfwörter wie möglich. Auch „Tabu-Wörter" sollten zugelassen sein. Z.B.:

A   Affe, Armleuchter, Angeber
B   Blödmann, Bekloppter
C   Chaot
D   Doofi, Depp, Dämlack, Dummi, Döskopp
E   Esel, Ekel
F   Fatzke, Futzi
G   Gans, Großmaul, Gockel
H   Hornochse, Hurensohn, Hosenscheißer
I   Idiot, Irre
J   Jeck, Jammerlappen, Jammergestalt
K   Kaffer, Kamel, Kuh
L   Luder, Laffe, Lümmel, Leck mich
M   Milchbubi, Meckerliese

„Armleuchter"?!

N Narr, Nasenpopler
O Olwel, Olle
P Pfeife, Prahlhans, Petze, Pisser
Q Quatschkopf, Quarkheini, Quasselstrippe
R Rotzlöffel, Rotznase, Rüpel, Rindvieh
S Sau, Scheißkerl, Schweinerei
T Tussi, Trottel, Trine, Trampel
U Urumpel
V Verräter, Verrückter
W Wildsau, Wüstling
Z Zimtzicke, Zimperliese
Natürlich kann die Gruppe auch ein gemeinsames Schimpfwörter-ABC erstellen.
Wissen eigentlich alle, was die Schimpfwörter bedeuten? Welche Wörter wirken besonders verletzend? Warum?

11   Sinnlose Wut

Die Kinder werden aufgefordert, ein- oder mehrsilbige neue Wörter zu erfinden, die – nach ihrem Gefühl – Wut und Aggression ausdrücken, z.B.: *zisch, fatt, grix, huppa* o.ä.
Anschließend versuchen sie gemeinsam herauszufinden, warum es gerade *diese* sinnlosen Wörter sind.
Gibt es bestimmte Kennzeichen für „Aggressions- und Wut"-Wörter? Gibt es Laute, mit denen man Wut besonders gut ausdrücken kann?
Vielleicht können die von der Gruppe bevorzugt verwendeten Flüche und Schimpfwörter in Zukunft durch solche sinnlosen „Wut-Wörter" ersetzt werden? Einige Konflikt-Situationen können dadurch sicher entspannt und eingefahrene „Aggressions-Kreise" unterbrochen werden.

12   Wut-Kette

Wortketten zu bilden ist ein beliebtes Spiel. Für eine „Wut-Wort-Kette" setzen die Kinder sich am besten in einen Kreis. Ein Kind beginnt mit einem „Wut-Wort", das nächste schließt mit einem weiteren „Wut-Wort" an, das mit dem gleichen Buchstaben anfängt, mit dem das vorhergehende aufgehört hat, usw. Beispiel: *Wut – toben – niederträchtig – gemein – Nervtöter – Rindvieh – Halunke – Ekel ...*
Wieviele „Wut-Wörter" fallen den einzelnen Kindern ein? Welche Wörter werden bevorzugt verwendet?

13   Wut-Ketten-Reaktion

Das erste Kind nennt eine Situation, die es wütend macht. Das zweite reagiert mit einem Schimpfwort oder irgend etwas anderem „Wütendem", das ihm dazu einfällt, und nennt dann seinerseits eine wutauslösende Situation, auf die das dritte Kind wieder mit einem „Wut-Wort" reagiert, usw. Beispiel:

1. Kind: *Hausaufgaben –*
2. Kind: *Verdammte Zeitverschwendung.*
         Krach mit Petra –
3. Kind: *Blödes Weib.*
         Nicht raus dürfen –
4. Kind: *...*

Welche Situationen und Reaktionen werden genannt? Sind es Realsituationen der Kinder? Wie gehen die Kinder real damit um?

14   Sprüche klopfen

Die Kinder gehen durch den Raum und setzen spontan „Wut- und Aggressions"-Redensarten, die ihnen zugerufen werden, in Bewegung um, z.B.
- *jemanden um die Ecke bringen,*
- *sich die Haare raufen,*
- *jemandem das Maul stopfen,*
- *jemanden einen Kopf kürzer machen,*
- *kurzen Prozeß machen* usw.

Anschließend wird darüber gesprochen, was diese Redensarten überhaupt bedeuten, wie sie entstanden sind, und ob sie heute noch angemessen sind. Gibt es andere Möglichkeiten, die eigene Wut auszudrücken?

15   Angst haben – Angst machen

Nicht nur für die Wut, auch für die Angst gibt es Redensarten.
Auf zwei Wandzeitungen sammelt die Gruppe Synonyme, Beschreibungen u.ä. für die beiden Verhaltensweisen
- Angst haben: *der Atem stockt, kalter Schweiß, blaß werden, im Erdboden versinken, verstummen* usw.
- Angst machen: *wutschnaubend, jemanden kalt machen, hochrot vor Wut, sich aufplustern, lospoltern* usw.

Anschließend wird darüber gesprochen, ob und welche Zusammenhänge es zwischen beidem gibt.
Haben die Kinder, die anderen Angst machen, manchmal auch selber Angst? Wovor?

16 Laute Post

Die Gruppe bleibt sitzen, wie sie gerade sitzt, oder bildet einen Kreis. Eines der Kinder beginnt, dem nächsten ein „Wut-Wort" zu-zuschreien, z.B. „Mist", „Blödmann" o.ä. Dieses gibt das Wort schreiend und möglichst schnell an das nächste weiter – so daß alle Kinder einmal angeschrien wurden und einmal ein anderes an-schreien konnten – bis das „Wut-Wort" zum „Sender", dem ersten Kind, zurückgekommen ist. Dann kann die nächste Schreirunde mit einem neuen Wort beginnen, so lange, bis die Gruppe sich aus-geschrien hat.

Im Verlauf des Spiels kann der „Sender" die Sende-Richtung wechseln, um noch mehr Spannung ins Spiel zu bringen. Die „Wut-Wörter" können sich auf einen aktuellen Anlaß beziehen. Die Übung kann helfen, nach einer schwierigen Gruppen-Situation die erste Wut ritualisiert abzubauen.

17 Tierisch wütend

Zum Ausdrücken und gleichzeitig zum Abbau einer gespannten Atmosphäre in einer Gruppe kann folgende Übung hilfreich sein: Die Kinder verwandeln sich in wilde Tiere. Sie ahmen ihre Bewe-gungen und Stimmen nach. Sie fauchen und springen z.B. im Raum herum wie Tiger, kriechen und zischen wie Schlangen, stampfen und trompeten wie Elefanten, laufen und heulen wie Wölfe. Sie bedrohen sich gegenseitig. Andere Tiere dürfen aber nicht wirklich angegriffen werden, es bleibt bei der Drohgebärde – denn vielleicht ist das andere Tier stärker und gefährlicher als man selbst?

Nach einiger Zeit versammeln sich auf ein Zeichen hin alle zu ei-ner friedlichen „Konferenz der Tiere".

18   Eine Reise ins Land der Wut

Eine Spielleiterin oder ein Spielleiter erzählt eine Geschichte mit Bewegungsaufforderungen, und alle Kinder machen die Bewegungen mit und erfinden vielleicht noch einige neue dazu:

„Wir machen heute eine weite Reise in ein geheimnisvolles Land. Wir fahren lange, lange Zeit mit der Eisenbahn" – die Kinder fassen sich in langer Reihe an und bewegen sich mit Zuggeräuschen durch den Raum. *„Der Zug hält. Wir sind im Land der Freude. Die Menschen, die hier wohnen, sind immer froh und lustig. Sie freuen sich schon, wenn sie am Morgen aufstehen. Sie recken und strecken sich wohlig, sie begrüßen uns lachend, sie hüpfen und springen, umarmen uns und tanzen mit uns, zu zweit, zu dritt, zu vielen, im großen Kreis, kein Kind bleibt allein ... Leider müssen wir weiter. Die Lokomotive pfeift schon. Wir steigen ein und fahren und fahren ... Plötzlich wird es finster. Der Zug hält. Wir sind im Land der Wut. Hier wohnen Menschen, die sich gekränkt und ungerecht behandelt fühlen. Sie sind zornig und wütend, stampfen mit den Füßen, werfen sich auf den Boden, raufen sich die Haare, schütteln den Kopf, ballen die Fäuste, schreien: Ich hasse dich ... Endlich pfeift unser Zug wieder. Wir halten inne, holen tief Atem ... und werden wieder ruhig. Wir steigen ein und fahren weiter ... Unser Zug hält: Endstation. Wir sind im Land der Ruhe, alle Menschen lächeln, sie bewegen sich ruhig und behutsam, sie streicheln einander, führen sich bei den Händen oder sitzen still und friedlich beieinander ..."*

Der Phantasie beim Reisen sind keine Grenzen gesetzt. Manche Länder können so weit entfernt oder so schwer zu erreichen sein, daß man mit dem Schiff, dem Flugzeug oder sogar mit einer Rakete reisen muß. In jedem Fall sollte die Reise in einem Land der Ruhe und Harmonie beendet werden.

Wie fühlen sich die Kinder während der Reise? Wie fühlen sie sich, wenn die Reise vorbei ist?

19 Mich ärgert an dir ...

Mit dieser Übung hat jedes Kind die Möglichkeit, einem anderen einmal in Ruhe die Meinung zu sagen. Jede Beschwerde wird nämlich eingeleitet mit: „Du bist ganz in Ordnung, aber mich ärgert ...“ Das angesprochene Kind darf sich nicht rechtfertigen, sondern muß jeweils antworten: „Ich danke dir, daß du mir das mal gesagt hast.“ Am besten gelingt diese Übung im Sitzkreis. Ein Kind traut sich und beginnt. Es steht auf und geht zu dem Kind, dem es etwas sagen möchte, z.B. „Britta, du bist ganz in Ordnung, aber mich ärgert, daß du immer mit Julia spielen willst, das ist doch *meine* Freundin.“ Britta antwortet: „Ich danke dir, daß du mir das mal gesagt hast.“ Dann kommt das nächste Kind an die Reihe, bis alle, die möchten, ihren Ärger über ein anderes Kind ausgesprochen haben. Erst dann wird allen Kindern die Gelegenheit gegeben, über ihre Gefühle und Erfahrungen während der Übung zu sprechen. Wie fühlt man sich, wenn man einem Kind, das einen ärgert, zuerst etwas Freundliches sagen muß? Wie fühlt man sich, wenn man angegriffen wird und sich nicht wehren darf? Wie fühlen sich die Kinder, die sich nicht zu Wort gemeldet haben?

Die Übung setzt ein Grundvertrauen in der Gruppe voraus und sollte mit besonderer Behutsamkeit eingesetzt werden.

3.2 Auslöser für Wut und Aggression erkennen

Wut und Aggression, fremde wie eigene, entstehen nicht aus heiterem Himmel. Sie brechen im allgemeinen nicht völlig unvermittelt über uns herein. Verhalten und Handeln werden immer von konkreten Motiven bestimmt.

Ärger, Wut und Aggressionen bei Kindern und Jugendlichen entstehen häufig dann, wenn ihre Bedürfnisse nicht befriedigt, ihre Erwartungen und Ziele nicht erreicht wurden. Dabei kann es zum aggressiven Abreagieren an völlig unbeteiligten Personen oder Sachen kommen, wenn die Aggressionen gegen die eigentlichen Aggressionsauslöser nicht ausgelebt werden können, weil sie vielleicht zu mächtig sind oder nicht zur Verfügung stehen.

Zu den Grundbedürfnissen von Kindern und Jugendlichen gehört, etwas wert zu sein, etwas zu können, sozial akzeptiert zu werden und sich zugehörig zu fühlen. Die Phantasie, Eigenwert durch Überlegenheit im sozialen Vergleich zu erreichen, d.h. der Wunsch, wenigstens einmal größer, besser, schneller, schöner als andere zu sein, ist ein klassischer Auslöser von aggressiven Auseinandersetzungen.

Wut und Aggression richten sich dabei letztlich nicht „mit böser Absicht gegen andere", sondern sind der – ungeeignete – Versuch, „etwas Gutes für sich selbst" zu tun.

Wer die Beweggründe von Wut und Aggression kennt, hat aggressives Verhalten deshalb noch nicht fest im Griff, kann aber leichter damit umgehen. Wer sozial-aggressive Kinder und Jugendliche positiv beeinflussen möchte, muß ihnen Möglichkeiten eröffnen, ihre berechtigten Bedürfnisse zu befriedigen und ihre Interessen durchzusetzen.

20 Ausgeschlossen

Die Kinder gehen durch den Raum und spielen „Begrüßungs-Szenen", sie geben sich ihre Hände, lächeln sich an, sprechen ein paar Worte miteinander, verabschieden sich, gehen weiter, begrüßen das nächste Kind, das sie treffen, usw.

Nur ein Kind wird nicht beachtet. Es hat sich – freiwillig – bereit erklärt, die Rolle des „Ausgeschlossenen" zu übernehmen. Nun muß es versuchen, wieder in die Gruppe aufgenommen zu werden. Das Spiel ist zu Ende, wenn es ihm gelungen ist, einem anderen Kind die Hand zu schütteln oder mit ihm ins Gespräch zu kommen.

Wie schwer war es für das „ausgeschlossene" Kind, die Ablehnung zu durchbrechen? Wie hat es sich dabei gefühlt? Wie haben sich die anderen gefühlt, die das Kind nicht einbeziehen durften?

21 Was hat man dir getan?

Ein Kind wird zur „Täterin" oder zum „Täter" bestimmt. Während alle Kinder frei im Raum umhergehen, sucht es sich plötzlich ein „Opfer", dem es im Vorbeigehen ein Schimpfwort ins Ohr flüstert oder das es – von den anderen unbemerkt – an einer beliebigen Körperstelle berührt. Schlagen, kneifen oder andere schmerzhafte Berührungen sind nicht erlaubt.

Das „Opfer" bleibt stehen und beginnt zu klagen und zu wimmern. Die anderen versuchen nun herauszufinden, was man ihm angetan hat. Ist das gelungen, ist das „Opfer" wieder ruhig, und alle setzen ihren Spaziergang fort.

Das Kind, das als erstes richtig geraten hat, wird zur „Täterin" oder zum „Täter" und darf sich ein neues „Opfer" suchen.

Das Spiel wird leichter, wenn entweder nur Berührungen oder nur Beschimpfungen zugelassen sind und vor Spielbeginn über die möglichen Berührungen oder Beschimpfungen gesprochen worden ist.

22   Der böse Blick

Die Gruppe sitzt im Kreis. Vor Spielbeginn wird durch Losent-
scheid und streng geheim – nur das betroffene Kind selbst weiß Be-
scheid – bestimmt, wer den „bösen Blick" hat.

Das Kind mit dem „bösen Blick" beginnt nun, mit den Augen,
durch Anstarren, Zuzwinkern o.ä., andere Kinder zu treffen. Wer
sich getroffen fühlt, sagt: „Mich hat's erwischt" und setzt sich aus
dem Kreis zurück, ohne daß der Treffer von dem Kind mit dem
„bösen Blick" bestätigt wird. Alle beobachten aufmerksam das Geschehen und versuchen herauszufinden, wer den „bösen Blick" hat.
Wer meint, ohne getroffen zu sein, das Kind erkannt zu haben, hebt
die Hand und ruft: „Ich beantrage Haftbefehl gegen ..." Es wird so
lange gespielt, bis das Kind mit dem „bösen Blick" tatsächlich erkannt ist.

Das Spiel ist nicht so einfach, wie es sich anhört: Kinder fühlen
sich getroffen, auch wenn sie gar nicht gemeint sind oder gar nicht
angeschaut wurden. „Unschuldige" werden des „bösen Blicks"
verdächtigt.

In der Nachbesprechung können die Leichtfertigkeit mancher
menschlicher Wahrnehmung und Beurteilung, das Entstehen von
Gerüchten und „Rufmord" auf der einen und „Verfolgungswahn"
auf der anderen Seite thematisiert werden.

23   Platz da!

Alle gehen mit festen Schritten durch den Raum. Mit den Ellenbo-
gen schaffen sie sich pantomimisch – ohne jemanden zu berühren –
Platz und schreien gleichzeitig: Platz da, ich komme!

Auf Ansage einer Spielleiterin oder eines Spielleiters erhöhen die
Kinder ihr Lauftempo nach und nach, auch das Geschrei wird zunehmend lauter – bis schließlich abrupt abgebrochen wird. Alle
verharren in der Bewegung, die sie gerade gemacht haben.

Auf ein neues Zeichen hin suchen alle einen Platz, eine Stellung, in der sie sich wohlfühlen und niemanden stören. Von da aus beginnen sie – wieder auf Ansage – gemächlich durch den Raum zu schlendern und alle, die ihnen begegnen, mit freundlichem Lächeln zu begrüßen.

Am besten gelingt die Übung, wenn sie durch entsprechende Musik untermalt wird.

Nach der Übung wird Gelegenheit zum Gespräch gegeben: Wie habe ich mich in den verschiedenen Phasen des Spiels gefühlt? Wie fühle ich mich überhaupt hier in der Gruppe? Habe ich genug „Platz" für mich? Fühle ich mich eingeschränkt oder zu „grenzenlos"?

Was müßte anders sein, damit ich meinen Platz in der Gruppe habe und mich wohlfühle?

24   Alles hört auf mein Kommando

Jedes Kind möchte im Mittelpunkt stehen. Dazu kann ein einfaches Spiel Gelegenheit geben: Alle Kinder sitzen oder stehen im Kreis, nur ein Kind steht in der Mitte. Es macht Bewegungen und Geräusche vor, die von allen nachgeahmt werden müssen. Es kann die Bewegung wechseln, so oft es mag.

Manchmal entdecken die Kinder bei diesem Spiel an einem bisher eher unbeachteten Kind völlig neue Züge, vielleicht ist es viel einfallsreicher, beweglicher, witziger als sie gedacht und wahrgenommen hatten?

Das Kind in der Mitte hat für seine Kommandofunktion entweder eine bestimmte Zeit zur Verfügung, oder es tauscht seine Rolle mit einem Kind, durch das es sich besonders gut kopiert fühlt.

25   Wer hat hier das Sagen?

Ein Kind wird vor die Tür geschickt. Die anderen sitzen oder stehen im Kreis und verabreden, „wer das Sagen hat". Dieses Kind beginnt mit einer Bewegung, die es möglichst schnell und übergangslos immer wieder wechselt. Alle anderen müssen unauffällig auf den Bewegungswechsel achten und ihn sofort mitvollziehen. Das Kind vor der Tür wird hereingeholt. Es stellt sich in die Mitte des Kreises und versucht herauszufinden, wer die Bewegungen der Gruppe steuert.

War es für die Gruppe leicht, sich unauffällig auf ein anderes Kind einzulassen? War es schwierig, die Gruppe unauffällig, aber bestimmt zu steuern?

26   Mauerdurchbruch

Jeweils drei bis vier Kinder aus der Gruppe bilden eine „Mauer", ein viertes oder fünftes Kind versucht dann, durch oder über diese Mauer zu kommen. Körperliche Attacken, die wehtun oder verletzen können, sind verboten.

Nachdem das Kind die Mauer überwunden hat oder nach einer verabredeten Zeit werden die Rollen getauscht, so daß jedes Kind, das möchte, einmal die Gelegenheit erhält, die Mauer zu stürmen.

Wie oft gelingt der „Mauersturm"? Was war besonders hilfreich zum Überwinden der Mauer? Wie fühlt man sich als „Mauer", wie beim Bemühen, die Mauer zu überwinden? Gibt es Kinder, die gar nicht erst versuchen, über die Mauer zu kommen?

27 Sturm auf die Burg

Statt einer Mauer können die Kinder auch eine „Burg", d.h. einen fest geschlossenen Kreis bilden, in den ein Kind entweder von außen hinein oder aus dem es von innen heraus zu kommen versucht. Zum „Sturm auf die Burg" kann sich die Gruppe auch in zwei Kleingruppen teilen, z.B. in Mädchen und Jungen. Zuerst erhalten die Jungen die Aufgabe, mit ihren Körpern eine Burg zu bauen. Die Mädchen versuchen, die Burg zu stürmen. Anschließend werden die Rollen getauscht. Die Mädchen bilden die Burg, die Jungen versuchen, sie – gewaltlos – einzunehmen.

Wie haben sich Mädchen und Jungen jeweils in den unterschiedlichen Rollen gefühlt? Haben sie sich unterschiedlich verhalten? Wenn ja, welche Erklärungen könnte es dafür geben? Waren tatsächlich immer die körperlich Stärkeren im Vorteil? Was können Menschen zusammen schaffen, was einem allein vielleicht nicht gelingt?

28 Codewort

Ein paar Kinder verlassen den Raum. Die übrigen gehen zu einem engen Kreis, die Arme untergehakt, zusammen. Sie beschließen ein Codewort, z.B. „Freundschaft", oder eine „Code-Handlung", z.B. „das kleinste Kind im Kreis umarmen", durch die der Kreis von außen geöffnet werden kann.

Die Kinder von draußen werden wieder hereingerufen. Sie müssen das „Codewort" oder die „Code-Handlung" herausfinden, dabei dürfen sie sich untereinander beraten. Ist es ihnen gelungen, werden sie sofort in den Kreis aufgenommen.

Wie fühlen sich die ausgeschlossenen Kinder, wenn sie lange nicht – oder vielleicht überhaupt nicht – den richtigen Code finden? Wie fühlen sich die Kinder im Kreis, wenn sie „standhaft" bleiben müssen? Können die Gruppen einander während des Spiels helfen?

29   Eine Gruppe für sich

In der Gruppe muß ein Gespräch über Außenseiter und Vorurteile
vorausgegangen sein. Alle Kinder müssen bereit sein, sich selbst
als Außenseiter zu erfahren und behutsam mit den eigenen Vorur-
teilen gegen Außenseiter umzugehen.

Dann werden Kleingruppen von fünf bis sechs Kindern gebildet.
Jede Gruppe einigt sich möglichst schnell auf ein Kind, das ausgeschlossen werden soll. Die Ausgeschlossenen aus allen Kleingruppen bilden wieder eine neue Gruppe.

Die Kinder dieser Außenseiter-Gruppe müssen überlegen, warum
ausgerechnet sie ausgeschlossen worden sind. Gleichzeitig versuchen die anderen Gruppen, sich bewußt zu machen, warum sie jeweils dieses bestimmte Kind ausgeschlossen haben.

Anschließend gehen die „Ausgeschlossenen" zurück in ihre Aus-
gangsgruppen. Hier werden die Gründe für den Ausschluß und die
Vermutung über den Ausschluß miteinander besprochen und verglichen.

Zum Schluß werden in der Gesamtgruppe die Gefühle der Kinder,
die ausgeschlossen wurden, und die Gefühle der Kinder, die ausgeschlossen haben, thematisiert. Wie verlief das Gespräch in der
„Außenseiter"-Gruppe? Konnten die betroffenen Kinder sich gegenseitig unterstützen?

Diese Übung sollte nicht in sehr zerstrittenen und aggressiven
Gruppen durchgeführt werden. Ein Grundvertrauen muß vorhanden sein, um kein Kind zu verletzen. Spielleiterin oder Spielleiter
brauchen Einfühlungsvermögen beim Zusammenstellen der Kleingruppen zu Beginn der Übung und beim Gespräch über die Gefühle der einzelnen Kinder.

30 Der Platz gehört mir

Die Gruppe bildet einen Kreis, in dessen Mitte ein Stuhl gestellt wird. Ein Kind nimmt darauf Platz und verteidigt ihn gegen ein anderes, das etwa fünf Minuten lang versucht, ihm diesen Platz – mit verbalen Mitteln – streitig zu machen. Danach werden die Rollen getauscht.

Auf beiden Seiten darf argumentiert, gefordert, geschimpft, gedroht, beleidigt, gebettelt, geschmeichelt, geweint usw. werden. Körperliche Angriffe wie anfassen, schubsen, treten sind verboten. Die Szene kann auch stärker als Alltagssituation ausgestaltet werden. Statt um einen Stuhl kann es z.B. um folgendes gehen:

– Ein Kind will dem anderen ein Buch wegnehmen.
– Ein Kind beansprucht das Recht, die Arbeitsblätter auszuteilen, für sich.
– Ein Kind will beim Anstellen das erste sein.

Das Spiel kann deutlich machen, wie unterschiedliche Menschen ihre Bedürfnisse vorbringen und verteidigen, wie hartnäckig sie sind oder wie nachgiebig, wie leicht sie sich wegen einer Kleinigkeit in Aggressionen hineinsteigern können und wie Hilflosigkeit, Ohnmacht und mangelnde Argumente Aggressionen auslösen.

31 Wütend wie ein Tier

Die Kinder werden aufgefordert: Stell dir vor, du bist ein Tier. Welches Tier würdest du wohl sein? Nun verwandelst du dich in „dein" Tier. Du bist ganz friedlich und denkst an nichts Böses. Da erscheint plötzlich ein anderes Tier, mit dem du vor einiger Zeit Krach hattest und auf das du immer noch sehr wütend bist. Was passiert jetzt? Was tust du? Was tut das andere Tier? Jedes Kind schreibt – oder malt – nun seine Fortsetzung der Geschichte. Anschließend werden die Geschichten oder Bilder ausgestellt und besprochen. Die Szenen können auch kurz nachgespielt werden.

Wie schnell entsteht aus einer zufälligen Begegnung ein neuer Streit, wenn ein alter nicht bereinigt worden ist?

32 Ausreden

Kinder, die sich anderen gegenüber aggressiv verhalten, sind oft nicht bereit oder in der Lage, die Verantwortung für ihr Verhalten zu übernehmen. Mit Hilfe dieser Übung können die gebräuchlichsten Ausreden aufgedeckt werden.

Alle Kinder sitzen im Kreis. Jedes Kind erhält Papier und Stift. Auf den Zettel schreibt es einen Satzanfang, der ein aggressives Verhalten beschreibt, z.B.:
– „Ich habe zugeschlagen ...“ oder
– „Ich habe den Stein geworfen ...“ oder
– „Ich habe ‚dumme Sau‘ zu ihr gesagt ...“ u.a.m.

Dann knickt es den Zettel nach hinten um, so daß die Schrift nicht mehr zu lesen ist, und gibt ihn im Kreis weiter. Das nächste Kind schreibt eine Satzergänzung, die mit „weil“ anfängt und eine typische Rechtfertigung für Wutausbrüche enthält, z.B.:
– „... weil er mir das Mäppchen weggenommen hat“ oder
– „... weil das mein Stuhl war“ oder
– „... weil sie angefangen hat“ o.a.m.

Außerdem fügt es wieder einen neuen „aggressiven“ Satzanfang hinzu, faltet den Zettel um und gibt ihn weiter. Sind die Zettel vollgeschrieben, werden sie auseinandergefaltet und vorgelesen.

Im Gespräch wird deutlich gemacht, wie häufig sich – auch in der Realität – bestimmte aggressive Verhaltensweisen und ihre vermeintlichen Ursachen wiederholen und wie oft es sich dabei wohl eher um schlechte Angewohnheiten als um begründete Wutausbrüche und um Ausreden statt Ursachen handelt.

33 Wut-Paare

Die Gruppe teilt sich in Paare. Jedes Kind denkt nun an eine Situation zurück, in der es sehr wütend war, überlegt sich eine treffende, vielversprechende Überschrift zu diesem Ereignis und schreibt nur diese Überschrift auf einen Zettel. Die Zettel werden mit der Partnerin oder dem Partner ausgetauscht. Das andere Kind überlegt nun, welches Ereignis sich hinter der Überschrift verbergen könnte und beschreibt dies mit wenigen Worten, z.B.:
- 1. Kind: *Der verpaßte Omnibus*
- 2. Kind: *Jörg war sauer, weil er den Bus verpaßt hatte. Nun kam er zu spät zum Fußballtraining und wurde für das nächste Rundenspiel nicht aufgestellt.*

Anschließend besprechen die Paare das Ergebnis. Kommt das vermutete Ereignis dem tatsächlichen wirklich nahe? Die interessantesten Erfahrungen dieser Übung sollten auch in der Großgruppe diskutiert werden.

34 Ein Bild meiner Wut

Aus einer größeren Sammlung von Bildern – aus Zeitschriften, Katalogen, Prospekten, Postkarten o.ä. – wählt jedes Kind ein Bild aus, mit dem es aggressive Gefühle verbindet oder durch das bei ihm aggressive Gefühle ausgelöst werden. Anschließend setzen sich die Kinder in kleinen Gruppen zusammen und sprechen über ihre Bildauswahl.

Zum Schluß werden alle ausgesuchten Bilder mit Begründung der gesamten Gruppe bekanntgemacht. Kinder, die ihre Begründung lieber für sich behalten wollen, dürfen nicht zum Sprechen gezwungen werden, sondern geben, wenn sie an der Reihe sind, das Wort einfach weiter.

Welche Situationen und Stimmungen machen Kinder wütend? Gibt es Gemeinsamkeiten, gibt es Unterschiede in der Gruppe?

35 Das macht mich sauer

Die Kinder sitzen im Kreis; jedes erhält ein Blatt Papier. Darauf malt jedes Kind Situationen, die es aggressiv machen. Sind alle fertig, werden die Blätter mit der Bildseite nach unten in die Kreismitte gelegt und vermischt. Nach und nach wird nun je ein Zettel aufgedeckt, und die Gruppe versucht herauszufinden, wer wodurch „sauer" wird.

In der Gruppe muß Vertrauen vorhanden sein, um sich so offen aufeinander einzulassen. Ziel der Übung ist, sich besser verstehen zu lernen und aggressionsauslösende Situationen für einzelne Kinder, die den anderen häufig nicht bewußt sind, in Zukunft möglichst nicht mehr entstehen zu lassen.

36 Wütende Assoziationen

Jedes Kind schreibt auf ein Blatt Papier das Wort „Wut" und rahmt es ein. Dann schreibt es drumherum alle Assoziationen, d.h. Wörter gleich welcher Wortart, die ihm dazu einfallen, z.B.

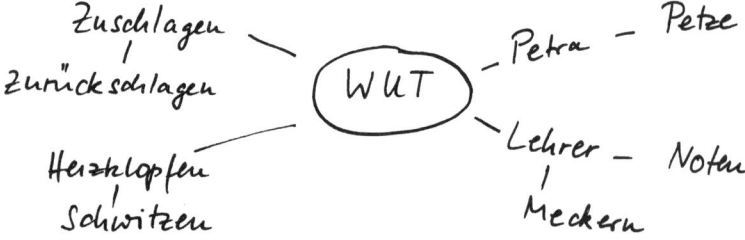

Anschließend werden die individuellen „Wut"-Assoziationen gemeinsam betrachtet und – wenn gewünscht – erläutert, diskutiert und verglichen. Die Gruppe kann eine solche „Wut-Landkarte" natürlich auch gemeinsam auf einem großen Blatt oder einer Wandzeitung zusammentragen. Die „Wut-Landkarte" kann nach und nach ergänzt werden, wenn sie in dem Raum hängt, in dem die

Gruppe sich aufhält oder trifft. Immer, wenn einem Kind eine weitere Assoziation einfällt, wenn z.B. die Gruppensituation zu einer Assoziation anregt, trägt es diese ein.
Die Veränderungen der „Wut-Landkarte" sollten von Zeit zu Zeit thematisiert werden. Natürlich sollte auch versucht werden, „Wut-Ketten" zu durchbrechen.

37 Ärgernisse

Jedes Kind schreibt auf, was es in einer bestimmten Situation oder im Umgang mit bestimmten Personen am meisten ärgert. Anschließend zeichnet es auf ein Blatt Papier einen großen Kreis, in dem die „Ärgernisse" nach ihrer Bedeutung als größere oder kleinere Segmente eingetragen werden.
Die Zeichnungen werden zunächst in Kleingruppen, zum Schluß in der Gesamtgruppe verglichen und diskutiert. Die Gruppe erfährt auf diese Weise vielleicht, wodurch sich einzelne geärgert fühlen – und aggressiv reagieren – und was alle ärgert und deshalb ganz dringend geändert werden muß.

Beispiel:

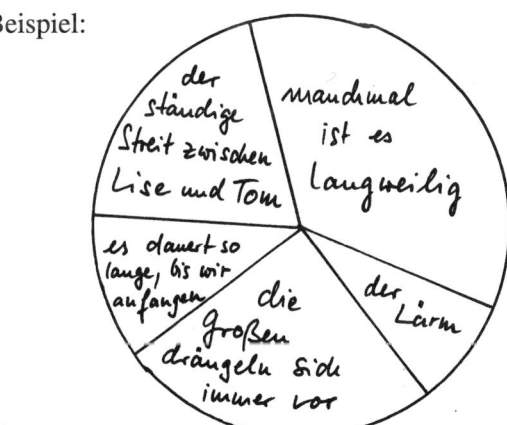

38   Was mich wütend macht

Jedes Kind schreibt auf ein Blatt Papier untereinander die Buchstaben seines Vornamens und sucht für jeden Buchstaben ein Wort, das Ereignisse beschreibt, die es besonders wütend machen können, z.B.:

M	Mathe-Arbeiten	**S**	Schimpfen
I	Idiotische Anordnungen	**A**	Anmache
C	Chaos	**B**	Brüllen
H	Hausaufgaben	**I**	Intrigen
A	Angeberei	**N**	Neugier
E	Elfmeter	**E**	Elterliche Überfürsorge
L	Lächerlich gemacht werden		

Anschließend sollte Gelegenheit gegeben werden, über die individuellen Wut-Auslöser zu sprechen. Vielleicht gibt es in der Gruppe auch Situationen, die alle wütend machen? Diese können durch ein gemeinsames Wut-ABC aufgedeckt werden, z.B.:

A	Angeberei	*I*	Intrigen	*Q*	Quatsch daherreden
B	Blödes Grinsen	*J*	Jammerlappen	*R*	Riesengetue um nichts
C	Chaoten	*K*	Klatsch	*S*	Schläge
D	Dummheit	*L*	Leute, die nerven	*T*	Trübe Tassen
E	Engstirnigkeit	*M*	Miesmacher	*U*	Umsonst warten müssen
F	Falschheit	*N*	Noten	*V*	Verlieren
G	Gemeinheit	*O*	Onkelhafte Vorträge	*W*	Weinerlichkeit
H	Hinterfotzigkeit	*P*	Petzen	*Z*	Zuviel Hausaufgaben

39 Wutsack

Aus einem von Spielleiterin oder Spielleiter vorbereiteten Sack mit
vielen kleinen Gegenständen (Schere, Tischtennisball, Streichholz,
Stöckchen, Kordel, Papier, Bleistift, Tusche, Knetmasse u.ä.)
nimmt sich jedes Kind den heraus, den es am ehesten mit Wut oder
Aggression in Zusammenhang bringen kann. Warum hat es gerade
diesen Gegenstand ausgewählt?

40 Wütende Satzanfänge

Die Kinder bekommen Blätter mit „wütenden" Satzanfängen. Je-
des Kind ergänzt diese zunächst für sich alleine. Anschließend
werden die Ergänzungen in kleinen Gruppen besprochen und ver-
glichen. Satzanfänge können z.B. sein:
– Wenn ich wütend bin, dann …
– Mein bester Freund macht mich wütend, wenn …
– Meine beste Freundin macht mich wütend, wenn …
– Ich hasse es, zur Schule zu gehen, wenn …
– Am meisten ärgert es mich, wenn …
– Wenn andere Kinder mich ärgern, dann …
– Immer soll ich …
– Mein Vater sagt, wenn andere mich ärgern, soll ich …
– Meine Mutter sagt, wenn andere mich ärgern, soll ich …
– Wenn andere wütend sind, dann …
– Zuschlagen ist erlaubt, wenn …
Die Satzanfänge sollten die Gruppensituation einbeziehen. Gibt es
Spannungen oder aktuelle Konflikte, kann die Übung dazu dienen,
diese zu reflektieren und aufzuarbeiten.

41   Vor Wut platzen

Jedes Kind erhält einen Luftballon und bläst ihn auf. Dann stellt sich jedes eine Situation vor, die es dazu bringen könnte, „vor Wut zu platzen".

Reihum versucht nun ein Kind für ein beliebiges anderes diesen Wutauslöser herauszufinden. Hat es richtig geraten, muß das betreffende Kind seinen Luftballon zum Platzen bringen. Das Spiel ist beendet, wenn überall „die Luft raus ist". Damit niemand mogeln kann, empfiehlt es sich, die gedachte „Wut-Situation" am Anfang aufschreiben zu lassen. Damit dieses Spiel gelingt, müssen die Gruppenmitglieder einander ziemlich gut kennen.

3.3 Sich selbst und andere besser verstehen

Unsicherheit und Angst in sozialen Situationen, Vorurteile und die Abwehr von Fremdem können soziale Aggressionen auslösen und aufrechterhalten.

Sich gegenseitig besser kennenzulernen und Vertrauen zueinander aufzubauen ist deshalb unerläßlich, um Sicherheit und Orientierung zu steigern und dadurch aggressives Verhalten einzudämmen.

Im Prozeß des Kennenlernens wird oft eine Diskrepanz deutlich zwischen der Art und Weise, wie Kinder und Jugendliche sich selbst sehen und wie andere sie sehen. Zum besseren Verständnis ist es wichtig, diese Diskrepanz abzuklären und die Annahmen über einander zu verändern und zu bereichern. Spiele und Übungen ermöglichen den Kindern und Jugendlichen, auf wenig bedrohliche Art und Weise zu erfahren, wie sie bisher auf andere

gewirkt haben und wodurch die sozialen Beziehungen eventuell belastet waren. Das soziale Einfühlungsvermögen wächst. Kinder und Jugendliche lernen, die Auswirkungen der eigenen Persönlichkeit und des individuellen Verhaltens auf andere in Zukunft besser einzuschätzen.

Sich selbst und andere besser kennenzulernen verstärkt das soziale Vertrauen. Dadurch werden Spannungen vermindert und der Ausbruch sozialer Aggressionen unwahrscheinlicher.

42   Feine Unterschiede

Sich selbst und andere kann man nur besser kennenlernen, wenn man genau beobachtet. Auf den ersten Blick sieht vieles gleich aus – ohne es zu sein.

Aus einem mitgebrachten Korb mit Äpfeln der gleichen Sorte nimmt sich jedes Kind einen heraus, betrachtet, beschnuppert und befühlt ihn ganz genau. Dann werden die Äpfel in den Korb zurückgelegt und anschließend neu verteilt.

Wer hat seinen ursprünglich gewählten Apfel wiederbekommen? Woran wurde der Apfel erkannt? Auch Menschen, die sich noch so ähnlich scheinen, sind und verhalten sich unterschiedlich. Welche Erfahrungen haben die Kinder hierzu schon gemacht?

43   Eine Hand muß nicht schlagen

Viele Kinder benutzen ihre Hände hauptsächlich zum Schlagen, Kneifen, Stoßen. Mit dieser Übung können sie erfahren, daß sie mit ihren Händen auch auf freundschaftliche Weise Kontakt aufnehmen können.

Alle sitzen im Kreis und schließen die Augen. Eine Spielleiterin oder ein Spielleiter geben die Anweisungen:

„Du sitzt ganz bequem, beide Füße ruhen auf dem Boden. Konzentriere dich auf deinen Atem. Fühle, wie er kommt und geht, kommt und geht, kommt und geht ...
Alle Spannung und Unruhe atmest du aus. Du wirst ruhig und immer ruhiger ... Du atmest tief und gleichmäßig ... Du fühlst dich wohl ... Lege jetzt deine rechte Hand in deine linke Hand, indem du den Handrücken deiner rechten Hand in die Handfläche deiner linken Hand legst. Spüre, wie sich deine rechte Hand in deiner linken Hand anfühlt.
Streiche sanft mit deinem linken Zeigefinger über deine rechte Hand, erst über den Daumen, dann über den Zeigefinger, den Mittelfinger, den Ringfinger, den kleinen Finger und an der Außenseite deiner Hand wieder zurück. Nun tastest du sanft über deine Handfläche. Du fühlst die Berge und Täler, die Rillen und Rundungen deiner Hand. Wozu brauchst du diese Hand? Was kannst du alles mit ihr tun, wenn sie so weich und entspannt ist wie jetzt?"
Danach kann die Übung beendet oder die Hand gewechselt werden. Die Übung kann auch zu zweit durchgeführt werden: *„Was kann deine Hand mit der Hand eines anderen Kindes machen? Was kann sie machen, daß ihr euch beide wohlfühlt?"* Zunächst sollten sich hierfür Paare zusammenfinden, die sich mögen, erst wenn die Übung vertraut ist, können es auch Zufallspaare sein.
Anschließend gibt es Gelegenheit zum Gespräch. Wie haben sich die Kinder während und nach der Übung gefühlt? Wozu benutzen sie ihre Hände normalerweise?

44 **Mit anderen Augen** *Perspektive*

Jeder Mensch sieht die Welt aus seiner Perspektive. Um bisher verborgene Einblicke zu erhalten – und dadurch mehr Verständnis für andere zu entwickeln – müssen wir lernen, den eigenen Standpunkt hin und wieder zu verlassen und einen anderen Blickwinkel einzunehmen oder mit allen Sinnen wahrzunehmen.

Alle Kinder der Gruppe bewegen sich zunächst frei im Raum.
Wann immer sie wollen, bleiben sie stehen und bemühen sich, einen ungewöhnlichen Blickwinkel zu finden. Sie betrachten den
Raum, bestimmte Einrichtungsgegenstände, andere Kinder, indem
sie beispielsweise
– in die Hocke gehen
– sich auf den Rücken legen und nach oben schauen
– sich bücken und durch die Beine nach hinten blicken
– auf einen Stuhl steigen und von oben herabsehen
– ein Auge oder beide Augen zuhalten (Wahrnehmung durch andere Sinne)
– ein Ohr oder beide Ohren zuhalten usw.
Welche neuen Erfahrungen haben die Kinder gemacht? Haben sie
etwas Neues über sich selbst und andere erfahren? Wo würden sie
gerne noch weitere Erfahrungen machen? Was war am Ungewöhnlichsten?

45   Tierisch gut

Jedes Kind verwandelt sich in Gedanken in ein Tier. Auf einem
Zettel notiert es dann den Namen des Tieres, eine Erklärung,
warum ausgerechnet dieses Tier zu ihm paßt, und seinen richtigen
Namen. Den Zettel klappt es zusammen und behält ihn zunächst
für sich.
Danach einigt sich die Gruppe für jedes Kind auf ein Tier. Diese
Tiere werden dann mit dem Tier, in das jedes Kind sich selbst verwandelt hatte, verglichen.
Hat sich die Gruppe für dasselbe Tier entschieden? Oder hat sie
wenigstens ein Tier genannt, das diesem ähnlich ist? Bei welchen
Kindern gab es Unterschiede und warum?
Statt in ein Tier können sich die Kinder auch in eine Pflanze, ein
Fahrzeug, ein Möbelstück, ein Musikinstrument o.ä. „verwandeln".

Selbst- bzw. Fremderfahrung durch Metaphern ist im allgemeinen weniger belastend als durch direkte Rückmeldungen. Hinzu kommt, daß in Metaphern immer gleichzeitig negative und positive Rückmeldungen enthalten sind.

46 Menschenkenntnis

Alle bekommen ein Blatt, auf dem die Umrisse eines menschlichen Körpers vorgezeichnet sind. In diesen Körper malt nun jedes Kind hinein, was es für sich selbst als besonders charakteristisch empfindet, z.B.
– eine Zunge, wenn es besonders schlagfertig ist
– Ohren, wenn es besonders gut zuhören kann
– geschlossene Augen, wenn es oft vor sich hinträumt
– ein Herz, wenn es besonders mitfühlend ist
– Fäuste, wenn es besonders schnell zuschlägt usw.
Die „beseelten" Figuren werden an der Wand befestigt, und die Gruppe versucht herauszufinden, welche zu wem gehört. Welches Kind war besonders leicht, welches besonders schwer zu durchschauen? Hat die Gruppe neue Eigenschaften oder Fähigkeiten an einzelnen Kindern entdeckt?

47 Traumbild

Wir alle haben von uns und anderen bestimmte Phantasien. Wir stellen uns vor, wie wir „wirklich" sind oder sein möchten. Um diesen „Traumbildern" auf die Spur zu kommen, setzt die Gruppe sich in einen Kreis. Ein Stuhl wird in die Mitte gestellt. Darauf setzt sich – freiwillig – ein Kind, ein anderes stellt sich hinter den Stuhl. Das stehende Kind phantasiert nun „sein" Bild von dem vor ihm sitzenden Kind, z.B.:

– *„Am liebsten würdest du im Mittelalter leben. Du wärst ein Burgfräulein mit wehenden blonden Zöpfen ..."* oder
– *„Am liebsten wärst du ein Indianer. Du hättest das schnellste Pferd weit und breit ..."*

Das Kind auf dem Stuhl darf korrigierend eingreifen, damit auch das „richtige" Traumbild zustandekommt. Auch die Kinder im Kreis dürfen Vorschläge machen.

Weniger „öffentlich" und damit weniger belastend wird die Übung, wenn die Gruppe sich in Paare auflöst und jedes Paar seine Visionen im Zwiegespräch aushandelt.

Wer mag, kann dann anschließend in der Großgruppe über seine Erfahrungen berichten. Gab es „unerwartete" Traumrollen? Haben die Kinder etwas Neues über sich erfahren? Welche Gefühle hat das Spiel ausgelöst?

48 Steckbriefe

Die Namen der Kinder werden einzeln auf Zettel geschrieben. Jedes Kind zieht einen Zettel, der Zettel mit dem eigenen Namen wird natürlich sofort umgetauscht. Nun tun sich jeweils zwei oder drei Kinder zusammen und schreiben für die von ihnen gezogenen Kinder „Steckbriefe", möglichst reißerisch und „medienwirksam". Vielleicht erfinden sie einen „Ganovennamen" und besondere „Delikte", z.B.

– *„Zahlenmike – Brüche sind seine besondere Spezialität"* könnte der Steckbrief für einen Michael lauten, der besonders gut – oder schlecht – bruchrechnen kann, oder
– *„Tigerlilly – auf Schmuck spezialisiert"* für eine Liselotte, die Katzen liebt und gerne Ketten trägt, usw.

Die fertigen Steckbriefe werden ausgehängt. Gemeinsam wird versucht, die zur Fahndung ausgeschriebenen Personen zu erraten.

Haben die Kinder sich in ihrem Steckbrief wiedererkannt? Wie fühlen sie sich mit dieser Beschreibung?

49 Wahrsagen

Die Gruppe sammelt gemeinsam Fragen, die nur mit „Ja" oder
„Nein" beantwortet werden können, und schreibt sie auf Kärtchen,
z.B.:
- Ißt du gerne Pudding?
- Magst du Hunde?
- Hast du eine „beste" Freundin?
- Würdest du einen Prominenten einfach auf der Straße ansprechen?

Alle Kinder sitzen im Kreis, Schreibzeug ist vorhanden. Die Kärtchen werden gemischt und verdeckt in die Mitte gelegt. Reihum
wird gezogen und die Frage laut vorgelesen. Bevor das Kind selbst
aber antwortet, muß zunächst immer das links neben ihm sitzende
die Antwort – schriftlich und verdeckt – vorhersagen. Anschließend werden die vorhergesagte und die tatsächliche Antwort verglichen. Wie gut kennen die Gruppenmitglieder einander? Gab es
bei bestimmten Fragen und bestimmten Kindern besondere Überraschungen?

50 Wünsche raten

Auf Zetteln beantworten alle Kinder anonym eine oder mehrere
Fragen, z.B.:
- Was wünscht du dir zum Geburtstag?
- Welche Musik hörst du am liebsten?
- Welche prominenten Menschen würdest du am liebsten kennenlernen?
- Welche Eigenschaften muß ein Mensch, mit dem du befreundet
  bist, haben?

Die Zettel werden gemischt, und die Gruppe versucht gemeinsam
herauszufinden, welches Kind welchen Zettel geschrieben hat. Damit die Aufgabe nicht zu schwierig wird, sollten große Gruppen

vor Spielbeginn in kleinere Zufallsgruppen von sechs bis acht Personen aufgelöst werden.

Um die Wünsche richtig zuordnen zu können, müssen die Kinder miteinander ins Gespräch kommen und einander dadurch besser kennenlernen. Haben die Kinder über sich und andere etwas Neues erfahren? Was hat sie besonders überrascht?

51 Ich denk mir ein Kind

Das Spiel ist bekannt als „Ich seh etwas, was du nicht siehst ...". Diesmal werden aber keine Gegenstände, sondern Personen erraten. Ein Kind stellt sich ein bestimmtes anderes Kind aus der Gruppe vor und sagt z.B.: „Ich denke an ein Kind, das gerne reitet ..., das beim Lachen ein Grübchen hat ..., das sich traut, auch Erwachsenen die Meinung zu sagen ..."

Die anderen Kinder versuchen, das „gedachte" Kind herauszufinden. Wer zuerst richtig geraten hat, darf sich dann das nächste Kind vorstellen. Natürlich kann auch solange weitergespielt werden, bis alle das „gedachte" Kind herausgefunden haben. In dem Fall werden die Lösungsversuche geflüstert oder – noch besser – schriftlich mitgeteilt. Das Personenraten wird unterschiedlich schwierig, je nachdem, welche Aussagen über ein Kind gemacht werden und wie gut es den anderen bekannt ist.

Wie schnell merken die „gedachten" Kinder, daß sie gemeint sind? Wie fühlen sie sich dabei? Hätten sie sich selbst auch so beschrieben?

52 Seelenverwandtschaften

Alle Kinder legen, ohne daß andere zusehen können, einen kleinen persönlichen Gegenstand in einen Beutel. Nach und nach werden diese Gegenstände dann blind wieder aus dem Beutel geholt. Die Gruppe überlegt jeweils gemeinsam, zu welchem Kind jeder Gegenstand wohl passen könnte. Es sollte möglichst immer mehr als ein Kind benannt werden. Jede Zuordnung muß begründet werden. Hat die Gruppe die wirklichen Eigentümerinnen oder Eigentümer herausgefunden? Haben die Kinder, denen derselbe Gegenstand zugeordnet wurde, tatsächlich etwas Gemeinsames? War ihnen das vorher schon bewußt? Wie fühlen sie sich jetzt?

53 Vier-Ecken-Spiele

Die Ecken des Raumes werden von 1 bis 4 durchnumeriert. Spielleiterin oder Spielleiter bieten nun zu einem Oberbegriff jeweils vier Unterbegriffe an und ordnen sie den vier Ecken zu. Die Kinder entscheiden sich jeweils einzeln für den Unterbegriff, der am ehesten auf sie zutrifft, gehen in die dazugehörige Ecke und unterhalten sich dort zwei bis drei Minuten mit der jeweiligen „Eckengruppe" über ihre Wahl. Dann werden neue *„Eckenbegriffe"* genannt, und die „Eckengruppen" bilden sich neu. Beispiele:
• Wir wollen uns über unsere *Hobbies* unterhalten.
Alle, die in ihrer Freizeit am liebsten
– Sport treiben, gehen in Ecke 1,
– Musik hören oder machen, gehen in Ecke 2,
– fernsehen, gehen in Ecke 3,
– mit anderen rumhängen, gehen in Ecke 4.
Oder:
• Welche *Schulfächer* habt ihr am liebsten?
– Wer am liebsten Mathematik hat, geht in Ecke 1,
– wer am liebsten Deutsch hat, geht in Ecke 2,
– wer am liebsten eine Fremdsprache hat, geht in Ecke 3,
– wer am liebsten gar nichts lernt, geht in Ecke 4.
Die Zahl der möglichen „Eckenbegriffe" ist beliebig. Je nach den genannten Begriffen können die Kinder in kurzer Zeit viel über

einander erfahren. Was war ihnen bisher nicht bekannt? Gab es Zuordnungen, die sie überrascht haben?

54   Weiblich – männlich

Die Gruppe sitzt im Kreis. Nach dem Zufall werden Jungen-Paare und Mädchen-Paare zusammengestellt. Nacheinander wird immer ein Jungen-Paar und ein Mädchen-Paar gleichzeitig in die Kreismitte gerufen. Jedes Paar soll dort unter sich nach Ansage bestimmte Tätigkeiten ausführen, z.B.
– miteinander streiten
– zärtlich zueinander sein
– sauer aufeinander sein
– einander trösten
– sich gemeinsam fürchten u.ä.
Drücken Jungen und Mädchen ihre Gefühle unterschiedlich aus? Worin bestehen die Unterschiede?
Anschließend werden die Rollen getauscht: Die Mädchen versuchen nun, sich so zu verhalten, wie sie es bei den Jungen gesehen haben und umgekehrt.
Wie haben sich Mädchen und Jungen bei diesem Rollentausch gefühlt?

55   Mädchenkram – Jungenkram – Kinderkram

Die Gruppe trennt sich in Jungen und Mädchen. Sowohl die Mädchen- als auch die Jungengruppe erstellen zwei Listen: eine mit Mädchenspielen und -beschäftigungen und eine mit Jungenspielen und -beschäftigungen. Anschließend werden die Listen in der Gesamtgruppe verglichen und diskutiert. Diese Ergebnisse werden

auf zwei nun gemeinsam zusammengestellten Wandzeitungen festgehalten:
– Mädchenspiele und -beschäftigungen
– Jungenspiele und -beschäftigungen.
Gibt es Unterschiede zwischen beiden Listen und welche? Oder
beinhalten beide Listen eigentlich die gleichen Spiele und Beschäf-
tigungen? Wo gab es besonders ausgeprägte Meinungsunter-
schiede zwischen Jungen und Mädchen? Welche speziellen Jungenspiele und welche speziellen Mädchenspiele bleiben tatsächlich übrig?

56 Drillinge

Häufig kommt es immer wieder zwischen denselben Kindern zu
aggressiven Auseinandersetzungen oder Spannungen. Damit sie
sich besser verstehen lernen, bilden sie Dreier-Gruppen. Damit alle
Kinder mitmachen können, kann es natürlich auch ein oder zwei
Vierergruppen geben. (Die Spielanleitung wird entsprechend er-
weitert.)
Jede Gruppe bearbeitet folgende Aufgaben. Sie nennt
– drei Dinge, die alle drei Kinder nicht mögen:
  1. ...   z.B. Ungerechtigkeit
  2. ...   z.B. Hausaufgaben
  3. ...   z.B. Zimmer aufräumen
– drei Dinge, die alle Kinder mögen:
  1. ...   z.B. Ferien
  2. ...   z.B: Schwimmen
  3. ...   z.B. gute Noten
– etwas, was nur eines der Kinder nicht mag:
  1. Kind ...   z.B. Kopfrechnen
  2. Kind ...   z.B. Verwandtenbesuche
  3. Kind ...   z.B. Spinat

– etwas, was nur eines der Kinder mag:
   1. Kind ...   z.B. klassische Musik
   2. Kind ...   z.B. früh aufstehen
   3. Kind ...   z.B. in der Küche helfen.

Die Ergebnisse der einzelnen Dreier-Gruppen werden anschließend in der Großgruppe besprochen. Wie schwer war es, Gemeinsamkeiten und Unterschiede zu finden? Gibt es in der Großgruppe
etwas, was wirklich nur ein einziges Kind mag oder nicht mag?
Haben die Kinder über andere etwas erfahren, was sie bisher noch
nicht wußten?

57   Aus Kindern werden Leute

Jedes Gruppenmitglied bringt ein Foto von sich als Baby oder
Kleinkind mit. Die Fotos werden eingesammelt und in gleich aus-
sehende Umschläge gesteckt, die fortlaufend numeriert werden.
Die vergebenen Nummern werden auf Zettel geschrieben. Jedes
Kind zieht nun eine der Nummern – die eigene wird zurückgelegt
und gegen eine andere eingetauscht – und sucht den dazugehörigen
Umschlag.
Wer verbirgt sich hinter dem Babyfoto? Woran waren die Kinder
zu erkennen? Können die Kinder selbst sich noch an ihre frühe
Kindheit erinnern? Worin unterscheiden sich die Erinnerungen der
einzelnen Kinder? Wie sind sie groß geworden?

58   Gewalt-Klischees

Unser Verhalten wird häufig von Klischeebildern geprägt. Werden
diese nicht ins Bewußtsein geholt, bleiben sie oft trotz differenzier-
ter Information über den betreffenden Sachverhalt handlungslei-

tend. Welche Klischeebilder fallen Kindern und Jugendlichen z.B. zum Thema „junge Menschen und Gewalt" ein?

Die Gruppe teilt sich in Kleingruppen, die den Auftrag erhalten, innerhalb von nur fünf Minuten hierzu Klischeebilder zu entwickeln. Die Klischees sollen als „Standbilder" präsentiert werden, bei denen jedes Gruppenmitglied eine Figur übernimmt und in der entsprechenden Haltung gleichsam „erstarrt".

Nacheinander zeigen die Kleingruppen ihre Standbilder, die restlichen Gruppenmitglieder überlegen, welche Situation dargestellt werden sollte. Anschließend nehmen die Darstellerinnen und Darsteller dazu Stellung.

Gemeinsam können die Darstellungen weiter präzisiert werden. Was denken die dargestellten Personen gerade? Was fühlen sie? Mit welchen Personen, mit welchen Situationen können sich die einzelnen Gruppenmitglieder am leichtesten identifizieren?

Zum Schluß kann darüber gesprochen werden, ob etwas Gemeinsames in allen Standbildern enthalten war. Daraus wird dann ein neues Standbild entwickelt, sozusagen ein „Gruppen-Klischeebild", das die Gemeinsamkeiten zum Thema „junge Menschen und Gewalt" in dieser Gruppe sichtbar macht.

3.4 Wut und Aggression beherrschen und abbauen

Einzelne Kinder und Jugendliche, aber auch ganze Gruppen können – häufig durch nichtig erscheinende Anlässe – in einen Zustand von Wut und allgemeiner Gereiztheit geraten, den sie nicht
mehr kontrollieren können. Es kommt zu aggressiven Entladun-
gen, die nicht selten weitere verbale oder physische Aggressionen nach sich ziehen. Manche Kinder und Jugendliche sind unfä-
hig, Spannungen auszuhalten, ohne unmittelbar aggressiv darauf
zu reagieren.
Damit sie prosoziales Verhalten einüben und Konfliktlösefähigkei-
ten erwerben können, müssen sie zuerst lernen, die eigene Wut
zu beherrschen und aggressive Impulse gegen andere kontrolliert
auszuleben.
Interaktionsübungen und Spiele können Kinder und Jugendliche,
die emotional aufgeladen sind, in einen entspannten Zustand ver-
setzen, in dem die Aufarbeitung ihrer Probleme und das Ausprobieren nicht-aggressiver Lösungen eher möglich werden.
Eine besondere Bedeutung haben dabei körperorientierte Übungen, die dem Bewegungsbedürfnis von Kindern und Jugendlichen
entgegenkommen und gleichzeitig spannungsvolles Miteinander
und gegenseitige Rücksichtnahme herausfordern und auch fördern.

59   Raketenstart

Zum Lösen von Spannungen kann ein Raketenstart gute Dienste
leisten. Er beginnt damit, daß die Kinder
– mit den Fingern auf den Tisch trommeln, erst leise und langsam,
  dann immer schneller und lauter,

– dann mit den flachen Händen auf den Tisch schlagen oder in die
  Hände klatschen, ebenfalls mit zunehmender Lautstärke und zu-
  nehmendem Tempo,
– mit den Füßen stampfen, auch hier wieder leise und langsam be-
  ginnend und immer lauter und schneller werdend,
– leise summen und brummen bis hin zum lauten Schreien;
– Lärm und Bewegung steigern sich mehr und mehr, die Kinder
  springen von ihren Plätzen auf, werfen mit einem lauten Schrei
  die Arme in die Luft – die Rakete ist gestartet.
Langsam setzen sich die Kinder wieder hin. Ihre Bewegungen be-
ruhigen sich. Der Lärm ebbt ab, nur noch ein Brummen ist zu hören, das immer leiser wird, bis es ganz verstummt – die Rakete ist
in den Wolken verschwunden.

60 Wut abschütteln

Alle Kinder bewegen sich frei im Raum und spielen auf Ansagen
der Spielleiterin oder des Spielleiters Situationen,
– in denen sie wütend waren oder die sie aggressiv gemacht haben,
– wie sie dann ihren Ärger, ihre Wut abgeschüttelt haben und
– wie sie sich auf etwas Neues gefreut haben, bereit für etwas
  Neues waren.
Diese Übung kann z.B. eingesetzt werden, wenn eine Gruppe untereinander zerstritten ist. Sie kann durch einen entsprechenden
Text oder durch Musik unterstützt werden.
Die Übung gibt den Kindern die Möglichkeit,
– den Streit, die Spannung untereinander mimisch und gestisch
  auszuagieren,
– Ärger oder Wut tatsächlich abzuschütteln oder abzustreifen, indem sie z.B. mit den Armen und Händen schütteln, mit den Beinen schlenkern, mit den Händen die Wut vom Kopf oder vom
  Bauch abstreifen u.a.m.

– und dann locker und entspannt sind, einander wieder zulächeln, sich freundlich begegnen, sich freundschaftlich auf die Schulter klopfen, sich zunicken, sich verabreden u.a.m.

61   Wenn ich Wut hätte ...

Wenn man Wut hat, muß man nicht unbedingt schreien, um sich schlagen, treten, etwas kaputtmachen o.ä. Man kann seine Wut auch ganz anders loswerden. Jeder Mensch hat da so seine Bewältigungsmöglichkeiten. Die Kinder schreiben – jedes für sich – auf, was sie bisher schon alles getan haben, um mit ihrer Wut fertig zu werden, z.B.
– *Fahrrad fahren,*
– *den Boxsack bearbeiten,*
– *laut pfeifen,*
– *eine Runde um den Häuserblock rennen,*
– *einen Ball gegen die Hauswand werfen,*
– *duschen,*
– *Musik hören,*
– *ins Bett gehen* usw.
Die besten und originellsten Ideen werden auf ein Plakat geschrieben und im Raum gut sichtbar aufgehängt.

62   Fluchen verboten

Viele Kinder fluchen bei Ärger unbeherrscht los. Mit diesem Spiel
können sie üben, sich besser zu kontrollieren. Zu Beginn legt die
Gruppe gemeinsam fest, welche Wörter „verboten" sind, z.B. „ver-
dammt", „Scheiße", bzw. es werden die Schimpfwörter, die in der
Gruppe „in" sind, zu „Tabu-Wörtern" erklärt.
Dann wird reihum eine Geschichte erzählt, oder es werden Fragen
gestellt, die zum Gebrauch der „verbotenen" Wörter verführen.
Wer sich verspricht und sie dennoch verwendet, muß eine bestimmte Auflage erfüllen, z.B. sich rückwärts auf den Stuhl setzen,
aufstehen, sich hinknien o.ä. – bis das nächste Kind aus Versehen
oder aus Gewohnheit flucht.

63   Wut-Zettel

In einer Ecke des Raumes hängen „Wut-Zettel". Sie sind immer
zur Verfügung: Wenn ein Kind sich gekränkt fühlt, wenn es geärgert wurde, und wenn es seine Gefühle nicht direkt aussprechen
kann oder will – einfach als „erste Nothilfe" zum Abreagieren.
Die „Wut-Zettel" wurden gemeinsam von der Gruppe vorbereitet,
sie haben z.B. eine besondere, vielleicht gezackte Form, eine besondere Farbe, z.B. dunkelrot oder schwarz – man wird „rot vor
Zorn" oder „ärgert sich schwarz" – oder tragen die Aufschrift
„Wut-Zettel".
Das wütende Kind nimmt einen „Wut-Zettel", schreibt spontan
auf, was es gerade empfindet, in Worten, die ihm gerade auf der
Zunge liegen. Danach knüllt es den „Wut-Zettel" zusammen und
wirft seine „Wut" weg, z.B. auf den Boden, gegen die Wand oder in
einen speziellen „Wut-Eimer".
Von Zeit zu Zeit wird die dort gesammelte Wut, vielleicht bei einem Freundschafts- oder Friedens-Fest, gemeinsam verbrannt –
ungelesen natürlich.

Durch „Wut-Zettel" wird nur die erste Wut abgebaut, anschlie-
ßende Problemlösungen werden dadurch nicht überflüssig, aber
manchmal überhaupt erst möglich.

64 Wutpuppe

Mit Rollenspielen können die Kinder in einer Art Probehandeln
herausfinden, wie sie sich bei Ärger und Wut verhalten können.
Vielen wird es dabei leichter fallen, nicht selbst zu agieren. Mit
Hilfe eines Tieres, einer Spielfigur oder einer speziellen „Wut-Pup-
pe" können sie ihre Gefühle und Stimmungen, ihre Ängste und Aggressionen leichter zum Ausdruck bringen und verarbeiten. Die
Puppe können sie Dinge tun und sagen lassen, die sie sich selbst
nicht zugestehen würden.
Eine „Wutpuppe" kann aber auch zum Ersatzobjekt der Wut werden: An ihr können Kinder ihre angestaute Wut abreagieren, ohne
die Personen, die sie tatsächlich meinen, verbal oder körperlich zu
verletzen.
Als „Wut-Puppen" können im Handel erhältliche Handpuppen dienen, die Gruppe kann aber auch besondere „Wut-Puppen", z.B. aus
Strümpfen, Handschuhen oder ähnlich weichem Material herstel-
len, mit denen immer wieder „Stellvertreter-Kämpfe" ausgeführt
werden können.

65 Anti-Wut-Bilder

Alle Kinder malen zunächst für sich „Wut-Bilder", die zeigen, wodurch und wie jedes Kind besonders schnell wütend wird. Im Gespräch versuchen sie dann gemeinsam, für alle gemalten Nöte und
Ängste konstruktive Bewältigungsformen zu finden. Die Lösungen
werden auf kleine farbige Zettel gemalt oder geschrieben und auf

das ursprüngliche „Wut-Bild" geklebt, so daß sie sich deutlich ab-
heben. Beides zusammen wird dem Kind, das das Bild gemalt hatte, geschenkt – als sichtbares Zeichen des Verständnisses für seine
Wut und zur Unterstützung bei der Bewältigung seiner Aggressionen.

66 Freundschaftssprüche

Gemeine, aggressive und letztlich dumme Sprüche gegen andere
kennen alle Kinder. Aber kennen sie auch freundliche und friedfer-
tige „dumme" Sprüche, die sie dagegensetzen können?
Die Kinder erfinden einzeln oder in kleinen Gruppen „Freund-
schaftssprüche". Diese können – auf Plakate geschrieben – aufge-
hängt oder – im Kleinformat – verschenkt werden, immer dann,
wenn ein Kind Freundschaft und Unterstützung besonders braucht.
Freundschaftssprüche können z.B. lauten:
– *Alle Macht den Schlauen!*
– *Lieber fremdenfreundlich als deutschfeindlich!*
– *Warum denn gleich in die Luft gehen – komm lieber in unsere
  Clique!*

67 Geduldsfäden

Damit die Kinder erkennen können, wann der Geduldsvorrat eines
anderen erschöpft ist, wird für jedes ein „Geduldsfaden", z.B. ein
einfacher Wollfaden, an die Wand gehängt. Von diesem kann es,
wenn sein Spannungspegel steigt, jeweils ein Stück abreißen oder
abschneiden.
Die anderen sehen dann auf einen Blick: Vorsicht, hier ist die Ge-
duld bald am Ende, also nicht unbedacht reizen!

68   Ein Zauber gegen Wut

Spielleiterin oder -leiter schicken die Kinder auf eine Phantasiereise. Sie helfen ihnen, sich zu entspannen, und sagen dann:
„Schließe deine Augen und horche in dich hinein. Tief in deinem Körper sitzt irgendwo die Wut, meist gut verborgen, aber manchmal kommt sie ganz plötzlich heraus, ob du willst oder nicht ... Spüre deine Wut ... Wo sitzt sie? ... Gehe durch deinen ganzen Körper ... Wie fühlt sich deine Wut jetzt an? ... Was macht sie gerade jetzt? Nun stell dir vor, du könntest deine Wut in einen Zauberkrug füllen ... Hole deine Wut, ganz vorsichtig, so daß sie nicht aufwacht ... fülle sie in einen Krug ... paß auf, daß auch nicht ein bißchen Wut verloren geht ... Der Krug verzaubert die Wut ... Wenn du sie herausschüttest, hat sie sich verändert ... du wirst gleich sehen ... gieße den Krug aus ... was ist aus deiner Wut geworden? ... Ein Tier, das schnell davonläuft? Ein Baum mit knorrigen Ästen, die krächzen und stöhnen? Ein Dinosaurier, der sich hoch aufrichtet und bedrohliche Töne macht? Ein Felsblock, groß und schwer und fest in der Erde? Oder ...
Horche in dich hinein. Deine Wut ist weg. Du hast sie verzaubert. Sie ist gebannt. Du bist frei und ruhig, ganz entspannt und zufrieden ... Du hast deine Wut besiegt ... "
Nach der Phantasiereise kann auch Zeit gegeben werden, die Wut in ihrer neuen Form zu malen und sie so für immer in eine neue Form, außerhalb der eigenen Person, zu bannen.

69   Ohne Wut – ruhig Blut

Mit Hilfe der folgenden Phantasiegeschichte können Kinder lernen, hilfreiche Selbstinstruktionen bei aufsteigenden Aggressionen zu übernehmen oder analog für die eigene Situation neue zu erfinden. Spielleiterin oder -leiter schaffen eine entspannte Atmosphäre und geben dann folgende Anweisung:

„*Heute willst du mit einem Traumflugzeug einen Besuch auf einem fremden Planeten machen. Du kuschelst dich in die weichen Polster deines Sitzes, konzentrierst dich auf die Startgeräusche ... das Brummen wird lauter ... das Flugzeug hebt ab ... du verläßt die Erde ... Schon erscheinen neue Planeten ... glitzernd und funkelnd ... die Erde bleibt zurück ... sie wird immer kleiner und kleiner ... Du fühlst dich leicht und schwerelos ... du gleitest ins Weltall hinein ... Du beschließt, auf dem nächsten Planeten zu landen, du bist neugierig, was dort sein wird, was du erleben wirst, ob es Kinder gibt wie du ...*

Je näher der Planet kommt, desto schöner wird er ... alles ist in warme, helle, freundliche Farben gehüllt. Es gibt Häuser, rund und warm, dazwischen bunte Blumen und grüne Sträucher ... Alles ist ruhig und freundlich. Dein Flugzeug landet ganz sanft ... du steigst aus ... du läufst über einen weichen, warmen Boden ... Vorsichtig gehst du an ein Haus heran ... du schaust in ein Fenster ... niemand bemerkt dich ... Im Haus ist eine Schulklasse ... Du hörst gerade noch ein Kind zu einem anderen etwas sagen, kannst aber die Worte nicht mehr verstehen ... Es muß etwas Unangenehmes gewesen sein ... Vielleicht hat es das angesprochene Kind auch nur nicht richtig verstanden? Auf jeden Fall siehst du, wie es anfängt, wütend zu werden ... es atmet heftig ... es ballt die Fäuste ... Aber da, was geschieht nun? ... Plötzlich hält das Kind inne. Es beginnt ruhig zu atmen, immer aus und ein und aus und ein ... Und es beginnt zu sprechen, erst ganz leise, dann immer lauter und sicherer: Ohne Wut – ruhig Blut, ohne Wut – ruhig Blut ... Und mit jedem Mal wird es ruhiger und freundlicher, und auch das andere Kind wird ruhiger und freundlicher ... Du siehst, wie beide sich entspannen ... sie beginnen zu lächeln, sie sprechen miteinander, sie sind ruhig und freundlich miteinander ... alles ist gut ...

Niemand hat dich am Fenster gesehen ... Du duckst dich und schleichst zum Flugzeug zurück. Du sagt zu dir: Das war eine gute Idee: Ohne Wut – ruhig Blut. Das will ich mir behalten. Du sagst den Satz mehrmals vor dich hin ... immer wieder ... du steigst in Gedanken in dein Flugzeug ... du fliegst zur Erde zurück ... sie wird immer größer und schöner ... du bist wieder hier ... leise sprichst du für dich die Worte: Ohne Wut – ruhig Blut, ohne Wut – ruhig Blut ..."

Nach der Phantasiereise muß Gelegenheit gegeben werden, über die Gefühle während und zum Schluß der Reise nachzudenken und zu sprechen.

70   Schreiben gegen die Wut

Mit anderen über Gefühle der Kränkung und Ohnmacht, der Wut und des Hasses zu sprechen, ist schwer – noch dazu, wenn man sich selbst über die eigenen Gefühle noch gar nicht klar ist und sie nicht zulassen kann. Leichter ist es, aufzuschreiben, was uns bewegt. Alleine schon das „In-Worte-Fassen" der eigenen Gefühle kann befreiend wirken. Den Kindern sollte deshalb Gelegenheit gegeben werden, immer, wenn sie es brauchen, niederzuschreiben, was sie aufregt und bewegt. Hierzu kann im Gruppenraum eine „Schreibecke" zur Verfügung stehen. Wer möchte, kann seinen Text – durch Aushang an einer eigens dafür vorgesehenen Stelle – später dann doch den anderen zugänglich machen. Niemand wird aber dazu genötigt. Hilfreich ist es auch, die Kinder zum „Tagebuch-Schreiben" anzuleiten. Das gemeinsame Lesen von veröffentlichten Tagebüchern und/oder das gemeinsame Schreiben eines „Gruppen-Tagebuchs" – im Raum liegt ein Buch aus, das von jedem Kind benutzt werden kann – können als Einstieg dienen.

Eine weitere Unterstützung für Kinder, ihren Gefühlen näherzukommen und mit ihnen umgehen zu lernen, ist die „Brief-Beratung". Die Kinder schreiben – wenn sie möchten, anonym – bei

Bedarf „Wut-Briefe". Diese werden in einen besonderen „Wut-Briefkasten" eingeworfen und von einem Berater oder einer Beraterin, die ebenfalls anonym bleiben können, beantwortet. In jedem Fall werden die Briefe streng vertraulich behandelt.

In einem Brief kann einer anderen Person Intimstes auf Distanz mitgeteilt werden. Ein persönlich gehaltener Antwortbrief kann von den Kindern immer wieder gelesen werden und Anstoß sein, die Auseinandersetzung mit den eigenen Gefühlen zu vertiefen. „Ein Brief errötet nicht", wußte schon Cicero.

71 Trockenübung gegen Anmache

Aggressionsträchtige Situationen können manchmal entschärft werden, wenn die „Opfer" überraschend und schlagfertig reagieren. Leider fällt einem im entscheidenden Moment oft nichts Passendes ein. Hier können „Trockenübungen" Abhilfe schaffen. Auf Schimpfwörter kann man z.B. auch wie folgt reagieren:

– „Du Rotznase!"	– „Stimmt, hast du mal ein Taschentuch für mich?"
– „Schwächling!"	– „Ja leider, kannst du mir bitte gerade mal helfen?"
– „Doofi!"	– „Sei froh, daß ich doof bin – sonst wärst du ja nichts Besonderes!"

Die Kinder können sich alleine oder in kleinen Gruppen ungewöhnliche Reaktionen auf aggressive Anmache ausdenken, diese sammeln und anschließend in der Großgruppe bekanntmachen. Die Wirkung kann auch beim Nachspielen kleiner Szenen ausprobiert werden.

Vielleicht erinnern sich einzelne Kinder in entsprechenden Situationen an eine originellere Reaktion, als selbst auch aggressiv zu werden.

72   Mein Anti-Wut-Buch

Mit der eigenen Wut angemessen umzugehen – dafür wird jedes Kind seine persönlichen Methoden finden. Um sich diese bewußt zu machen und immer wieder in Erinnerung rufen zu können, legt es sich ein „Buch" mit seinen erprobten „Anti-Wut-Methoden" zu. In diesem Buch bringt es durch selbstgemalte Bilder, Collagen, eigene oder fremde Texte u.ä. zum Ausdruck, wodurch es in Wut gerät, welche anderen Gefühle es dabei auch noch hat und was es tut oder tun will, um mit seinen Gefühlen so umzugehen, daß es sich selbst oder anderen keinen Schaden zufügt.

Die erste Seite des „Buches" sollte reserviert sein für ein Blatt, auf dem das Kind darstellt, was es – an sich selbst und seiner Umgebung – als positiv empfindet, z.B.:

Auf den letzten Seiten teilen ihm andere Kinder aus der Gruppe mit, was sie an ihm positiv und liebenswert finden.

Die Bücher können als „Gedächtnisstütze" immer wieder verwendet werden und sollten von Zeit zu Zeit ergänzt oder verändert werden.

73 Ärger- und Wutprotokoll

Viele Kinder werden leicht ärgerlich, ohne eigentlich genau zu wissen, warum. Und viele geraten dann schnell in Wut, auch wenn sie das gar nicht wollen. Andere schlucken ihren Ärger runter oder tun sonst etwas Unangemessenes. Um sich selbst besser kennenzulernen, um mit Ärger kontrolliert umgehen zu lernen, kann ein „Ärger- und Wutprotokoll" helfen, das eine Weile täglich geführt wird, z.B. so:

1. Was hat mich heute geärgert?
   ...

2. Wie habe ich reagiert? (gar nicht, habe geheult, bin weggerannt, habe geschrieen, um mich geschlagen, einen Unbeteiligten geärgert, bei Erwachsenen Hilfe geholt, warte auf die nächste Gelegenheit zur Rache o.ä.)
   ...

3. Wie will ich das nächste Mal reagieren?
   ...

4. Ich stelle mir die Situation noch mal genau vor und übe die Reaktion ein, die ich unter 3. aufgeschrieben habe. (Ich sage z.B. laut vor dem Spiegel: Nein, ich will das nicht. Oder: Ich übe, bewußt tief durchzuatmen. Oder: Ich übe eine positive Selbsteinrede ein. Oder ...)

Die Technik der Ärger- und Wutprotokolle sollte in der Gruppe eingeführt werden, ebenso muß vorher darüber gesprochen und geübt werden, was hilfreiche Ärger-Reaktionen sind und was nicht. Gruppenleiterin oder -leiter sollten sich auch Zeit nehmen, die Ärger- und Wutprotokolle mit den Kindern einzeln zu besprechen, sie zu bestätigen und zum Durchhalten zu ermutigen, Veränderungen einzuführen u.ä.

74   Wutbriefe schreiben

Die Kinder denken an einen Menschen, auf den sie sauer sind, mit
dem sie einen Konflikt haben, der sie kränkt oder ärgert. In einem
Brief teilen sie ihm – in aller Deutlichkeit – alles mit, was sie immer schon sagen wollten, aber sich nicht auszusprechen getrauten.
Sind alle mit ihren Briefen fertig, wird Gelegenheit gegeben, miteinander darüber zu sprechen, welche Gefühle die Kinder beim
Schreiben hatten. Wie fühlen sie sich jetzt, nachdem sie sich alles
von der Seele geschrieben haben?
Anschließend können die Kinder ihren Wutbrief in einer Kassette,
zu der niemand einen Schlüssel hat, auf ewig verwahren, oder sie
können ihn in Schnipsel zerreißen und ihre Wut „in alle Winde ver-
streuen".

75   Schimpf-Wettbewerb

Die Kinder bilden Gruppen, die miteinander in einen „Schimpf-
Wettbewerb" eintreten.
Jede Gruppe sammelt etwa fünf Minuten lang (schriftlich) möglichst viele und möglichst häßliche Schimpfwörter. Anschließend
lesen sich die Gruppen ihre Beschimpfungen mit der entsprechenden Dramatik gegenseitig vor.
Wie haben sich die Kinder dabei gefühlt? Haben sie bewußt bestimmte Wörter gewählt, weil sie einzelnen Kindern oder der anderen Gruppe eins auswischen wollten? Fühlten sie sich selbst durch
bestimmte Schimpfwörter besonders betroffen?
Kennen sie überhaupt alle Wortbedeutungen? Wissen sie, was sie
sich gewöhnlich gegenseitig an den Kopf werfen?

76   Falsch verbunden

Immer zwei Kinder „telefonieren" miteinander. Sie nehmen die typische „Telefonierhaltung" ein; kleinere Kinder können, wenn vorhanden, auch ein Spieltelefon benutzen.

Das eine Kind nimmt den Hörer ab, wählt das andere an und beginnt, nachdem dieses „abgehoben" hat, unvermittelt sofort mit wüsten Beschimpfungen und Beschwerden. Das angerufene Kind kommt trotz aller Bemühungen nicht zu Wort. Schließlich „knallt" eines der Kinder „den Hörer hin" – das Spiel ist aus. Anschließend werden die Rollen getauscht.

Wie fühlen sich die beiden Kinder? Welche Rolle ist leichter auszuhalten, zu schimpfen oder beschimpft zu werden? Welches Kind hat das Gespräch beendet? Warum hat das beschimpfte Kind überhaupt eine Weile zugehört und nicht gleich „aufgelegt"?

77   Das Schlechte-Laune-Spiel

Manchmal ist eine Gruppe einfach nicht gut drauf. Hier hilft vielleicht das „Schlechte-Laune-Spiel", zu dem jedes Kind einen Schal, ein Tuch oder etwas Ähnliches braucht.

Dieses Stück legt es sich um die Schultern und bewegt sich damit frei im Raum. Jedes Kind darf jetzt jedem anderen das Tuch von der Schulter nehmen – nicht reißen! – und auf den Boden werfen. Das so „entkleidete" Kind schimpft dann: „Verdammter Mist, mein Tuch ist weg", hebt sein Tuch auf, um es dann noch einmal, mit ausgiebigem Schimpfen auf das Kind, das ihm das Tuch weggenommen hat, auf den Boden zu werfen. Erst danach legt es sich das Tuch wieder um die Schultern und beteiligt sich wieder am Spiel. Wichtig ist: Erst den eigenen Ärger herauslassen und dann andere beschimpfen. Die Kinder sollen üben, bei Wut nicht sofort auf andere loszugehen, sondern sich erst mit sich selbst auseinanderzusetzen.

78   Ja oder Nein

Um unterschwelliger oder unausgesprochener aggressiver Stimmung Ausdruck zu verleihen, kann folgende Übung helfen: Die Kinder suchen sich eine Partnerin oder einen Partner, die sie gerade nicht besonders gut leiden können oder die sie „nerven".

Beide beginnen nun einen Dialog, in dem das eine Kind immer nur „Ja", das andere immer nur „Nein" sagen darf.

Sie stellen sich gegenüber, schauen einander fest in die Augen und beginnen ihr „Streitgespräch". Sprechtempo und Lautstärke dürfen bis zur lauten Beschimpfung gesteigert werden, weitere Wörter bleiben aber bis zum Schluß verboten.

Nach einer vorher verabredeten Zeit wird die Übung durch ein lautes Signal (z.B. Gong, Pfiff) abgebrochen.

Nach Bedarf kann ein zweiter Durchgang, bei dem die Ja- und Nein-Rollen getauscht werden, angeschlossen werden.

Wie fühlen sich die Kinder nach dem „Ja-Nein"-Streit? Konnten sie Spannung abbauen? Können sie sich jetzt ein paar freundliche Worte sagen oder sich umarmen? Was war angenehmer: „Ja" oder „Nein" zu sagen?

79   Druck machen

Die Kinder bilden Paare und messen mit unterschiedlichen Aufgaben ihre Kräfte. Ist immer das gleiche Kind stärker? Wie fühlt man sich, wenn man unterlegen ist? Wie, wenn man überlegen ist? Was kann man tun, daß aus dem Gefühl oder Erlebnis von Unterlegenheit nicht Aggression erwächst? Was kann man tun, daß die Überlegenen nicht ihre Kräfte ausnutzen und dem anderen Kind – physisch oder psychisch – weh tun?

Mögliche Aufgaben, das herauszufinden, sind:
– Die Kinder versuchen, sich gegenseitig nur mit dem steif ge-

machten Körper wegzuschieben – Arme und Hände bleiben fest am Körper, Treten oder andere „Beinarbeit" ist nicht zulässig.

– Die Kinder stellen sich so gegenüber, daß sich nur ihre Handflächen bei ausgestreckten Armen berühren. Durch geschicktes Gegeneinanderdrücken der Handflächen versuchen sie, sich gegenseitig aus dem Gleichgewicht zu bringen.

– Die Kinder heben die Arme hoch, geben einander die Hände und verschränken ihre Finger. Dann versuchen sie, sich gegenseitig wegzuschieben. Die Arme müssen stets erhoben bleiben.

– Die Kinder stellen sich Rücken an Rücken und versuchen, den anderen nur durch Bewegung des Rumpfes, z.B. durch Drücken, Wackeln mit dem Po o.ä., vom Platz zu schieben. Auch hier dürfen Arme, Hände, Beine und Füße nicht eingesetzt werden.

– Ein Kind stellt sich hinter das andere und umfaßt das vor ihm stehende von hinten mit beiden Händen um die Taille. Das festgehaltene versucht mit aller Kraft, ohne die eigenen Hände zu gebrauchen (z.B. durch Anspannen der Muskeln und Gegen-die-Hände-Drücken), sich zu befreien. Nach einiger Zeit werden die Positionen vertauscht.

80 Daumenringen

Statt mit dem ganzen Körper kann auch nur mit den Fingern Druck gemacht werden. Auch nicht so „starke" Kinder haben hier eine echte Chance. Zum Siegen gehören nämlich nicht nur Körperkraft, sondern auch Schnelligkeit, Geschicklichkeit und Konzentrationsfähigkeit.

Zwei Kinder stellen oder setzen sich einander gegenüber. Sie strecken ihre rechten oder – bei Linksdominanz – linken Arme aus und verhaken die Finger der rechten oder linken Hände ineinander – nur der Daumen bleibt frei beweglich.

Gewonnen hat, wem es gelingt, den Daumen des anderen unter dem eigenen Daumen „flachzulegen".

81   Armringen

Hierfür setzen sich zwei etwa gleich große Kinder am Tisch gegenüber. Beide stellen den rechten – oder beide den linken – Ellenbo-
gen auf den Tisch und geben einander die rechte – oder linke –
Hand. Die andere halten sie auf dem Rücken.
Auf ein Kommando versucht jedes Kind mit aller Kraft, den Unter-
arm des anderen auf den Tisch zu drücken.
Die gleiche Übung kann auch im Liegen gemacht werden. Die
Kinder legen sich gegenüber auf den Boden und stellen nur ihren
rechten – oder linken – Ellbogen auf, verhaken die Hände und ver-
suchen, den Unterarm des anderen auf den Boden zu drücken. Die
Übung sollte auf Teppichboden oder draußen auf Gras oder im
Sand durchgeführt werden, damit sich niemand verletzt.

82   Hahnenkampf

Je zwei Kinder stehen einander gegenüber. Sie verschränken die
Arme vor der Brust, ziehen ein Bein an, so daß sie nur auf einem
Bein stehen, und versuchen so, sich durch Stoßen gegen die Arme
aus dem Gleichgewicht zu bringen. Die Verschränkung der Arme
darf dabei nicht gelöst werden.
Ziel ist, selbst möglichst lange stehenzubleiben und den zweiten
Fuß nicht auf die Erde setzen zu müssen.

83   Kampf der Krebse

Jeweils zwei Kinder verwandeln sich in „Krebse". Dafür dürfen sie
sich nur auf Händen und Füßen vorwärtsbewegen; Arme, Beine
und Bauch dürfen auf keinen Fall den Boden berühren.
Nun hebt jedes der Kinder den rechten Fuß und versucht, den an-

deren „Krebs" so aus dem Gleichgewicht zu bringen, daß der mit
seinem rechten Fuß – oder gar mit dem ganzen Körper – doch wieder den Boden berührt.
Erlaubt sind Ziehen, Drücken, Ruckeln oder ähnliche Bewegungen
mit den Händen oder mit dem Körper, nicht aber Schlagen.

84 Spiegelfechterei

Jeweils zwei – oder mehr – Kinder stehen einander gegenüber und
tragen einen „Scheinkampf" miteinander aus. Eines beginnt mit einer entsprechenden „Kampf"-Bewegung, das andere – die anderen
– antwortet mit einer „Gegen-Bewegung". Beim „Kämpfen" darf
nicht gesprochen werden und keine wirkliche Berührung stattfinden.
Der Kampf wird nach einer vorher festgelegten Zeit von einigen
Minuten abgebrochen.

85 Macht und Ohnmacht

Die Kinder bilden Paare. Abwechselnd ist jedes einmal das mächtige, das andere das machtlose Kind, z.B. Sklaventreiber und Skla-
ve, wütender Hundebesitzer und kleiner Hund, autoritärer Lehrer
und verängstigter Schüler, dominante und abhängige Freundin o.ä.
Das „ohnmächtige" Kind muß alles ausführen, was das „mächtige"
befiehlt. Dieses darf allerdings nichts Unmögliches verlangen und
dem ohnmächtigen Kind auf keinen Fall wehtun. Bestimmte
Grundregeln der Fairneß müssen vorher besprochen werden, ihre
Übertretung führt zum sofortigen Abbruch des Spieles. Nach einiger Zeit werden die Rollen getauscht. Jedes Kind sollte einmal den
mächtigen und einmal den ohnmächtigen Part übernommen haben.
Abschließend wird Gelegenheit zum Gespräch gegeben. Durch

welche Gefühle unterscheiden sich Macht und Ohnmacht? Wie
sehr fühlt man sich in der „Ohnmachts-Position" ausgeliefert?
Kann man vielleicht doch etwas tun, um die mißliche Lage zu ver-
bessern?

86   Rücken-Duell

Die Kinder bilden Paare. Jedes überlegt sich ein Schimpfwort oder
etwas anderes Unfreundliches, das es dem anderen schon immer
gerne sagen wollte. Das schreibt es auf ein festes Blatt Papier und
läßt es sich auf dem eigenen Rücken befestigen.
Nun begeben sich die Paare zum „Rücken-Duell": Jedes Kind versucht, dem anderen auf den Rücken zu schauen, um die unfreund-
liche Botschaft zu entziffern. Dabei muß es aber gleichzeitig bemüht sein, das andere nicht auf den eigenen Rücken schauen zu
lassen.
Bevor das Duell beginnt, wird besprochen, welche Griffe und Bewegungen zulässig sind und welche zum Abbruch des Duells führen.
Ist es den Kindern gelungen zu erfahren, was das jeweils andere an
ihm auszusetzen hat?

87   Ins Fettnäpfchen treten

Je zwei Kinder stehen einander gegenüber und fassen sich an den
Händen. Zwischen ihnen liegt ein Zeitungsblatt auf dem Boden,
das „Fettnäpfchen". Jedes Kind versucht nun, das andere zu sich
herüberzuziehen, so daß es zwangsläufig „ins Fettnäpfchen treten"
muß.

88 Löffelfechten

Es bilden sich Paare. Jedes Kind erhält zwei Löffel, für jede Hand einen. Der eine Löffel bleibt leer, auf den anderen wird ein Radiergummi, ein Tischtennisball oder etwas Ähnliches, das gerade zur Hand ist, gelegt.
Nun beginnen die beiden Kinder mit den leeren Löffeln zu fechten. Sie dürfen nur die Löffel, nicht aber das andere Kind berühren. Gewonnen hat, wer am längsten gleichzeitig mit der anderen Hand den Gegenstand auf seinem Löffel balancieren konnte.

89 Buchstützen

Die Kinder bilden Paare. Jedes erhält eine zusammengefaltete Zeitung oder eine ähnliche Papierrolle. Damit stellen sich die Kinder soweit voneinander entfernt auf, daß sie sich gerade mit ausgestrecktem Arm plus Papierrolle berühren können.
Vor die Füße jedes Kindes wird ein dickes Buch gestellt. Nun beginnt der „Kampf". Jedes Kind muß versuchen, das andere mit seiner Papierrolle zu „treffen". Gezielt werden darf auf das Gegenüber nur vom Hals an abwärts – das Gesicht ist tabu. Verloren hat, wessen Buch zuerst umfällt.

90 Western-Duell

Jeweils zwei Kinder tragen miteinander Zweikämpfe aus wie im „Wilden Westen". Dabei sind nur vier Bewegungen – zwei Bewegungen mit ihren Gegenbewegungen – zugelassen. Diese werden vor Beginn des eigentlichen Duells festgelegt und eingeübt. Denn während des Spiels muß zu einer Bewegung immer die passende Gegenbewegung gemacht werden. Die erlaubten Bewegungen sind z.B.:

– Zieht das eine Kind mit der rechten Hand symbolisch einen Colt,
   muß das andere beide Hände hochheben.
– Simuliert ein Kind das Ziehen von zwei Colts mit beiden Händen, muß das andere nicht nur die Hände heben, sondern auch
   die Augen fest zusammenpressen.
Beide Kinder dürfen nicht gleichzeitig „schießen" – sie müssen
also das andere gut beobachten und den „richtigen" Moment ab-
warten können.
Passiert ein Fehler, d.h. „schießen" doch beide zu gleicher Zeit
oder wird die falsche Gegenbewegung gemacht, sind beide besiegt.

91   Du kommst jetzt mit

Die Kinder stellen sich in zwei lockeren Reihen paarweise gegenüber. Zuerst versuchen die Kinder der einen Reihe das Gegenüber
aus der anderen Reihe – gegen dessen passiven Widerstand – durch
den Raum zu ziehen. Dabei dürfen sie einen einfachen Dialog führen, wie z.B.:
„Du kommst jetzt mit!" – „Nein, ich will nicht!" – „Ich will aber,
daß du jetzt mitkommst!" – „Hau ab!" – „Du mußt aber!" – usw.
Nach einigen Minuten werden die Rollen gewechselt. Nun zieht
das andere Kind.
Kraft und Gegenkraft sollen spielerisch eingesetzt und ausprobiert
werden. Die Kinder erfahren, was bei einem „bißchen Nachgeben"
geschieht, was bei „gar nicht Nachgeben", welche Auswirkungen
gleichzeitiges verbales „Unter-Druck-Setzen" hat usw.
Ziel der Übung ist es, die eigenen Gefühle und Kräfte beim Ziehen
und Widerstand-Leisten kennenzulernen.

92   Die Luft rauslassen

In der Gruppe werden viele Luftballons verteilt. Die Kinder blasen
sie auf und versuchen, sie durch Draufsetzen zum Platzen zu bringen. Das Spiel kann auch als „Kettenspiel" gespielt werden: Das
erste Kind bläst den Ballon auf, das zweite setzt sich drauf, bläst
wieder einen Ballon für das dritte auf usw.
Auch Staffeln sind möglich: Bei welcher Gruppe ist zuerst „die
Luft raus?"

93   Ballon-Schlacht

Jedes Kind bekommt einen Luftballon. Die aufgepumpten oder
aufgeblasenen Ballons werden mit Wutgesichtern bemalt und an
kurzen Stöcken befestigt. Mit den Luftballon-Wüterichen tragen
die Kinder nun einen Stellvertreter-Kampf aus, entweder jeweils
zwei Kinder gegeneinander oder alle gegen alle.
Der Kampf darf wirklich nur zwischen den Ballons, nicht aber mit
den Befestigungsstöcken geführt werden!

94   Rücken an Rücken

Mit diesem Spiel können nicht nur alle Kinder überschüssige
Kräfte abbauen, sondern gerade auch die Kinder, die sich wenig
Kraft zutrauen, erfahren, wie stark sie – in einer Gruppe mit anderen – tatsächlich sein können.
Die Kinder bilden zwei Reihen und hängen sich mit den Armen
ein. Dann drehen die Reihen einander die Rücken zu und versuchen, die andere Reihe wegzudrücken. Die Reihen dürfen dabei
nicht auseinandergerissen werden.
Das Spiel kann in unterschiedlichen Reihenzusammensetzungen

gespielt werden. Ist es günstig, kleinere oder schwächere Kinder in der Mitte der Reihe oder am Ende zu plazieren? Ist es sinnvoll, immer abwechselnd ein starkes und ein schwaches Kind aufzustellen? Wie fühlt man sich als „starkes" oder als „schwaches" Reihenglied?

Kann das Spiel vermeintlich „Schwachen" helfen, sich gegenüber „Starken" auch stark zu fühlen? Kann es die Solidarität in einer Gruppe fördern?

95   Publikumsbeschimpfung

Die Kinder bilden zwei Teilgruppen. Eine Spielleiterin oder ein Spielleiter achten darauf, daß die Regeln, die vor Spielbeginn genau erklärt werden müssen, eingehalten werden:

– Jede Gruppe bereitet sich vor und sammelt Vorwürfe, Beleidigungen, Schimpfworte gegen die andere. Eventuell kann auch ein Konflikt benannt werden, auf den sich die Beschimpfungen beziehen sollen (ca. fünf Minuten).

– Die Gruppen stellen oder setzen sich mit einem gewissen „Sicherheitsabstand" gegenüber. Auf ein Zeichen hin beginnt die eine Gruppe (wer anfängt, wird vorher vereinbart), die andere so laut und wütend wie möglich zu beschimpfen. Dabei muß stets die ganze Gruppe angesprochen werden, persönliche Beleidigungen sind nicht erlaubt. Die andere Gruppe darf sich nicht wehren, sondern muß die Schimpftiraden ruhig über sich ergehen lassen. Bei Ertönen des Schlußsignals muß die Schimpferei sofort aufhören (ca. eine Minute).

– Beide Gruppen tauschen die Rollen. Nun darf die vorher beschimpfte schimpfen (ca. eine Minute).

– Beide Gruppen beschimpfen sich gegenseitig (ca. eine Minute).

– Die Mitglieder der beiden Gruppen gehen aufeinander zu und umarmen sich (ca. eine Minute).

Anschließend müssen alle die Möglichkeit erhalten, über ihre Gefühle während des Spiels zu sprechen. Zu wieviel Feindseligkeit und Wut waren sie tatsächlich in der künstlichen Situation fähig? Wie schwierig war es, Beschimpfungen über sich ergehen lassen zu müssen, ohne sich unmittelbar wehren zu können? Traut man sich gemeinsam mit anderen schlimmere Dinge auszusprechen als alleine? Kann man bei der Umarmung zum Schluß gleich „wieder gut sein"? Die ritualisierte Beschimpfung kann entspannende Wirkung haben, wenn in einer Gruppe Spannungen oder Konflikte schwelen, sie kann z.B. eine zähe, unbefriedigende Diskussion o.ä. unterbrechen. Anschließend fällt dann oft eine echte Konfliktlösung leichter.

96 Papierkrieg

Für diese Übung werden alte Zeitungen oder Zeitschriften benötigt. Die Gruppe teilt sich in zwei gleich große Untergruppen und markiert für jede ein gleich großes „Schlachtfeld". Auf einen Anpfiff hin fangen alle Kinder an, aus dem Zeitungspapier Bälle zu formen und sich gegenseitig zu bewerfen. Die Gruppe, die nach dem Abpfiff die wenigsten Bälle in ihrem Feld hat, kann zum Sieger erklärt werden.

Genauso viel Spaß macht es aber auch, wenn einfach alle gegen alle spielen. Nach einer vorher abgesprochenen Zeit ist Schluß mit dem (Papier-)Krieg. Gemeinsam kann dann z.B. aus den vielen kleinen Papierbällchen ein großer „Friedensball" geformt werden. Der „Papierkrieg" kann in vielen Variationen gespielt werden, z.B.:
- Die Kinder dürfen nur sitzend oder kniend werfen.
- Zum Werfen müssen sie statt der Hände die Füße benutzen.
- Sie dürfen nur über den Rücken oder durch die Beine hindurch nach hinten werfen.
- Alle müssen mit der linken Hand werfen – Linkshänder entsprechend mit der rechten Hand.

97   Socker

Für jedes Kind, das mitspielen möchte, wird mindestens eine
Socke benötigt, die statt der Schuhe angezogen wird. Mit Kreide
wird eine Spielfläche abgegrenzt. Möbelstücke müssen außer
Reichweite geräumt werden. Am günstigsten ist Teppichboden im
Gruppenraum, eine Matte in der Turnhalle, ein Sandkasten oder
Rasen auf dem Schulhof o.ä.
Jedes Kind muß nun versuchen, jedem anderen Kind die Socke
auszuziehen und sie aus dem Spielfeld zu befördern, die eigene
Socke aber so lange wie möglich anzubehalten. Wer seine Socke
verloren hat, muß das Spielfeld verlassen. Wer möchte, kann sich
draußen wieder eine Socke anziehen und sich erneut ins Getümmel
stürzen.
Natürlich kann das Spiel auch mit zwei Socken pro Kind gespielt
werden. Damit sich niemand weh tun kann, sollte die Gruppe der
„Socker" nicht zu groß sein. Um das Spiel einzuüben, kann zunächst mit nur zwei Kindern begonnen werden. Wird das Gewühl
größer, macht es mehr Spaß. Mehr als 10 bis 12 Kinder sollten es
aber aus Sicherheitsgründen nicht werden. Wichtig ist, daß streng
auf die Einhaltung der Spielregeln geachtet wird: Die Socken dürfen wirklich nur ausge„zogen" werden, treten, kneifen o.ä. ist nicht
erlaubt. Trotzdem sollten Brillen vor Spielbeginn besser abgesetzt
werden.

98   Überlebenstraining

Alle Kinder knien auf einer durch einen (Kreide-)Strich oder mit
Klebeband markierten „Insel" nieder und stützen sich dabei mit
beiden Handflächen auf dem Boden ab. Nun versuchen sie, sich
gegenseitig von der Insel zu drängen, ohne Hände oder Knie vom
Boden zu nehmen. Das Spiel kann nach einer vorher verabredeten

Zeit beendet werden. Es kann aber auch erst dann zu Ende sein, wenn nur noch ein Kind auf der Insel zurückgeblieben ist.

99 Gemeinsam gegen die Aggressis

Für dieses Spiel braucht man etwas Platz, den Teppich im Gruppenraum, die Turnhalle oder ein Stück Rasen auf dem Hof. An zwei diagonal gegenüberliegenden Ecken stehen zwei Kinder, die „Aggressis", dazwischen der Rest der Gruppe. Die „Aggressis" wollen die anderen Kinder in ihre Gewalt bekommen, können das aber nur gemeinsam tun, indem sie sich an den Händen fassen. Die Kinder versuchen deshalb, die „Aggressis" daran zu hindern, zusammenzukommen. Sie dürfen sich ihnen in den Weg stellen, die „Aggressis" aber nicht festhalten, ihnen kein Bein stellen o.ä. Die Regeln werden vor Spielbeginn gemeinsam festgelegt, bei Regelverstößen wird das Spiel abgebrochen.

Mit dem Spiel können die Kinder die Erfahrung machen, daß sie gemeinsam gegen Angriffe stark sind und zur Überlegenheit nicht nur körperliche Kraft, sondern mindestens ebenso Aufmerksamkeit, Geschicklichkeit und Solidarität erforderlich sind.

100 Schwänzeln

Jedes Kind verwandelt sich in ein Phantasietier. Als „Schwanz" steckt es sich ein Taschentuch oder ein Band lose in Rock- oder Hosenbund oder Gürtel. Mit tierischem Gebrüll versucht nun jedes Kind, möglichst viele „Schwänze" zu ergattern. Ihre Finger dürfen sie dabei nur zum „Schwanzklauen" verwenden, nicht zum Festhalten o.ä.

Als Spielvariation kann aus all den „kleinen Tieren" auch ein großes Tier gebildet werden. Jedes Kind, das seinen Schwanz verloren hat, wird von dem angefaßt, das ihn weggenommen hat. So bilden sich mehr oder weniger lange Reihen. In Bund oder Gürtel des letzten Kindes stecken alle erbeuteten „Schwänze". Vielleicht ist zum Schluß nur noch ein einziges großes, starkes Tier übrig?

Mit diesem Spiel können die Kinder in ritualisierter Form aggressive Impulse abbauen und gleichzeitig Gemeinschaftsgefühl entwickeln.

101 Marterpfahl

Zwischen zwei Kindern einer Gruppe oder zwischen Kindern und Erwachsenen haben sich Spannungen aufgestaut. Erleichterung kann die „Buße" am Marterpfahl bringen: Eine Person oder mehrere stehen in der Mitte an einem (gedachten) Marterpfahl. Die übrigen bilden drumherum einen Kreis. Auf ein Zeichen hin beginnen sie, um den Marterpfahl zu tanzen und dem oder den „Gemarterten" durch Drohgebärden und Kriegsgesänge ihre ganze Wut zu zeigen. Nur das Berühren des oder der Gefangenen ist streng verboten. Nach einigen Minuten werden die Rollen getauscht. Die am Marterpfahl Stehenden werden abgelöst. Niemand darf zum Mitspielen gezwungen – oder überredet – werden.

Wer allerdings seine Wut an den am Marterpfahl Stehenden auslassen möchte, muß umgekehrt auch selbst einmal an den Marterpfahl. Wer Macht fühlen möchte, muß auch die Gefühle der ohnmächtigen Opfer am eigenen Leibe erfahren.

3.5 Ich-Stärke und Selbstwertgefühl aufbauen

Sozial-aggressive Kinder und Jugendliche wirken häufig stark und selbstbestimmt, sind in ihrem Innern aber selbstunsicher und abhängig von der Meinung anderer. Ohnmacht aus Ich-Schwäche ist der Motor für viele – auch unverständlich erscheinende – aggressive Ausfälle.

Ein positives Selbstwertgefühl reduziert Unsicherheit, vermindert Ängste und dadurch die Neigung zu aggressivem Verhalten. Ein ich-starker Mensch ist fähig, eigene und fremde Grenzen wahrzunehmen und zu respektieren. Er kann seine Bedürfnisse und Wünsche anderen vermitteln, er hat gelernt, auch Negatives zu äußern und anzunehmen, ohne dabei Gefühle von Hilflosigkeit, Angst und Schuld zu entwickeln, die dann eventuell zu einem aggressiven Ausbruch führen könnten. Ich-schwache Kinder sind oft nicht einmal mehr in der Lage, anderen gegenüber positive Äußerungen zu machen, geschweige denn, Positives von anderen anzunehmen, da sie es mit ihrem eigenen negativen Selbstbild nicht in Einklang bringen können. Sie gehen davon aus, daß andere Menschen sie genauso sehen wie sie sich selbst. Kinder mit niedrigem Selbstwertgefühl neigen deshalb dazu, harmlose Äußerungen und Verhaltensweisen anderer zu mißdeuten. Dadurch mißlingen häufig die Kontaktversuche anderer Kinder.

Kindern und Jugendlichen behutsam im Spiel zu ermöglichen, sich selbst als wertvoll zu erleben und Selbstwertgefühl zu entwikkeln, ist deshalb eine wichtige Maßnahme zur Verminderung sozial-aggressiven Verhaltens.

Ich-Stärke und Selbstwertgefühl sind die Voraussetzungen für die positive Entwicklung der menschlichen Fähigkeiten, soziale Beziehungen einzugehen und eigenverantwortlich zu handeln.

102   Ich bin – ich kann – ich habe

Den Kindern werden mit Klebestreifen Karteikarten (etwa im Maßstab DIN A 5) auf den Rücken geheftet, auf denen untereinander die drei Satzanfänge stehen:
– *Ich bin ...*
– *Ich kann ...*
– *Ich habe ...*
Nun nehmen alle einen Stift und gehen im Raum umher. Dabei ergänzen sie gegenseitig die Satzanfänge mit positiven Bemerkungen, die auch tatsächlich zu dem jeweiligen Kind passen. Sind alle Satzanfänge vollendet, ist das Spiel vorbei.
Die Kinder dürfen nun ihre Rückenschilder entfernen und lesen, was die anderen von ihnen halten.
Die Schreiberinnen und Schreiber bleiben dabei anonym. So traut sich vielleicht manches Kind, einem anderen etwas mitzuteilen, was es nicht auszusprechen wagt. Wie haben sich die Kinder während des Herumgehens gefühlt? Wie fühlen sie sich nun, nachdem sie die Karten durchgelesen haben? Sind sie überrascht durch die Zuschreibungen, oder schätzen sie sich selbst auch so ein?

103   Wer bin ich?

Jedes Kind erhält zehn kleine Zettel. Darauf schreibt es zehn unterschiedliche, kurze Antworten auf die Frage: *„Wer bin ich?"*
Aufgeschrieben werden kann alles, was den Kindern spontan in den Sinn kommt: Vorname, Alter, Geschlecht, unterschiedliche Rollen wie Kind, Schwester oder Bruder, Schülerin oder Schüler, Lieblingsbeschäftigungen, Lieblingsessen oder -getränk, besondere Fähigkeiten, besondere Schwächen, Wünsche oder Ängste.
Sind alle Zettel beschriftet, sortiert jedes Kind diese nach ihrer Bedeutung: An die erste Stelle kommt, was es für die eigene Darstellung am wichtigsten findet, an die letzte Stelle das, was am un-

wichtigsten ist. Die ganz persönliche Rangfolge wird anschließend mit den anderen in der Gruppe verglichen und besprochen. Haben die Kinder hauptsächlich Äußerlichkeiten aufgeschrieben? Oder haben sie sich auch vertiefend mit der eigenen Person auseinandergesetzt? Haben sie etwas Neues über sich erfahren?

104 Das Kind im Brunnen

Die Kinder sitzen im Kreis. Ein Kind steht in der Mitte. Plötzlich läßt es sich fallen und klagt: „Ich bin in den Brunnen gefallen!" Die übrigen Kinder fragen im Chor: „Wer soll dich retten?" Das Kind im Brunnen antwortet z.B.:
– „Wer am lautesten schreien kann" oder
– „Wer am besten trösten kann" oder
– „Wer die blauesten Augen hat" u.ä.
Werden Verhaltensweisen genannt, versuchen alle Kinder im Kreis, diese so überzeugend wie möglich auszuführen. Das Kind im Brunnen entscheidet – allein oder mit Hilfe der Gruppe –, wer das genannte Kriterium am besten erfüllt. Dieses Kind „rettet" das Kind im Brunnen, es reicht ihm die Hand und hilft ihm auf. Anschließend wird es zum nächsten Kind im Brunnen.
Spielleiterin oder Spielleiter sollten darauf achten, daß immer wieder andere Kinder das Kind im Brunnen retten dürfen. Das Spiel kann gleichzeitig auch zum Darstellen von Gefühlen verwendet werden. Das Kind im Brunnen nennt dann zu seiner Rettung nur Gefühle, die die übrigen Kinder pantomimisch darstellen müssen, z.B.
– „Wer am lustigsten ist" oder
– „Wer am wütendsten ist" oder
– „Wer am traurigsten ist" u.ä.
Bei dem Spiel können die Kinder die Erfahrung machen, daß sie alle etwas besonders gut können und alle einem anderen helfen können.

105   Gleich und ungleich

Kein Kind ist „besser" oder „schlechter" als die anderen, jedes
Kind hat mit jedem trotz aller Unterschiedlichkeit auch etwas ge-
meinsam. Jedes ist etwas wert. Um das zu erkennen, müssen die
Kinder die entsprechenden Erfahrungen machen können.
Die Kinder sitzen so, daß jedes Kind jedes andere sehen kann.
Nacheinander erhalten sie Anweisungen wie z.B.
– Steht auf und berührt nacheinander jedes andere Kind, das ein
    rotes Kleidungsstück trägt.
– Berührt jedes, das Sandalen anhat.
– Berührt jedes, das eine Armbanduhr trägt.
– Berührt jedes, das auch ein Mädchen oder ein Junge ist wie ihr.
– Berührt jedes, das die gleiche Haarfarbe hat wie ihr.
Wird die Übung öfter gemacht, wird den Kindern selbst immer
mehr auffallen, was alle gemeinsam haben bzw. worin jedes ein-
malig ist. Vielleicht entdecken sie auch, daß die Kinder, die sie
nicht mögen, in vielem ganz genauso sind wie sie selbst?

106   Höher – größer – weiter

Jedes Kind braucht das Gefühl, auch einmal „das Größte" zu sein.
Hierzu kann folgender Wettbewerb dienen: Die Gruppe prämiert
und beklatscht die „Besten" oder „Einzigen" – bezogen auf vorge-
gebene Merkmale oder Fähigkeiten, z.B.
– Wer ist das größte Kind?
– Wer kann seine Zunge am weitesten herausstrecken?
– Wer kann den höchsten Turm aus Streichholzschachteln bauen?
– Wer kann in drei Minuten die meisten Telefonnummern auswen-
    dig lernen? U.a.m.
Spielleiterin oder Spielleiter müssen selbstverständlich bei der
Auswahl der Fragen darauf achten, daß auch tatsächlich jedes Kind
einmal gewinnt und daß das Auswahlkriterium von der Gruppe als

positiv angesehen wird. Anschließend kann im Gespräch herausgearbeitet werden, daß jeder Mensch etwas Besonderes ist und daß es viel mehr herausragende Fähigkeiten oder Merkmale gibt, als uns im allgemeinen bewußt ist.

107 Heißer Stuhl

Alle Kinder sitzen im Kreis. In dessen Mitte steht der „heiße Stuhl". Hier nimmt das Kind Platz, das in diesem Moment am meisten positive Zuwendung braucht.
Reihum rückt es mit seinem Stuhl vor eines der Kinder im Kreis. Jedes sagt ihm etwas, das es an ihm mag, z.B. seine guten Einfälle beim Spielen, seine Fürsorge gegenüber seiner kleinen Schwester, seine schöne Schrift, seinen chicen Haarschnitt ... Anschließend kann darüber gesprochen werden, wie man sich fühlt, wenn man einem Kind, das man eigentlich nicht so mag, etwas Freundliches sagen muß. Und wie hält man es aus, öffentlich so viele freundliche Worte anzunehmen?
Jedes Kind sollte Gelegenheit erhalten, auf dem „heißen Stuhl" Platz zu nehmen.

108 Ich bin stolz

Häufig erinnern wir uns nur an schlechte Erfahrungen. Jedes Kind hat in der letzten Zeit, z.B. in der vergangenen Woche, aber ganz sicher auch etwas Positives gelernt oder getan, auf das es stolz sein kann.
Die Kinder sitzen im Kreis und ergänzen nacheinander den Satzanfang: *„Ich bin stolz, daß ich ... "*, z.B.:
– Ich bin stolz, daß ich mich getraut habe, alleine an dem großen Hund vorbeizugehen.

– Ich bin stolz, daß ich nicht zugeschlagen
  habe, als der Peter mich geärgert hat.
– Ich bin stolz, daß ich gelernt habe, vom
  3-m-Brett zu springen.
Kein Kind wird gezwungen, sich zu äußern.
Vielleicht überlegen und erzählen aber
auch Spielleiterin oder -leiter, worauf sie
stolz sind?
Wie schwer ist es, sich an etwas Positives zu
erinnern? Wie fühlt man sich, wenn man es
offen ausspricht? Was hat den Kindern bei
anderen besonders gut gefallen? Was könnten sie vielleicht auch einmal versuchen?

109   Schokoladenseite

Die Kinder sitzen im Kreis. Jedes Kind bekommt Papier und Bleistift. Nach kurzem Nachdenken schreibt es drei Adjektive auf, die
seiner Meinung nach seine drei besten Eigenschaften beschreiben,
z.B.
– *lustig*   oder   – *schnell*
– *klug*   – *ehrlich*
– *hilfsbereit*   – *sportlich*
Die Schrift sollte leicht verfremdet werden, z.B. durch das Verwenden von Druckbuchstaben, damit sie nicht ohne weiteres zu identifizieren ist. Die Zettel werden nach dem Beschriften zusammenge-
faltet und gut vermischt in die Mitte des Kreises gelegt. Nacheinander nimmt nun jedes Kind einen Zettel (der eigene wird schnell
umgetauscht), liest die Adjektive vor und versucht, das dazugehörige Kind zu erkennen und seine Entscheidung zu begründen. Hat
es falsch geraten, dürfen die anderen helfen.
Wie fühlt man sich, wenn man nur Positives über sich sagen darf?

Und wie fühlt man sich, wenn das dann auch noch laut vorgelesen und vor der Gruppe begründet wird? Unterscheidet sich das positive Selbstbild des Kindes von dem Bild, das die Gruppe von ihm hat?

110 So bin ich

Um Identität und Selbstwertgefühl entwickeln zu können, müssen Kinder sich bewußt mit sich selbst auseinandersetzen. Das können sie z.B., indem sie auf einen Bogen Papier groß das Wort ICH

schreiben und versuchen, durch Form, Farbe und Ausschmücken der Buchstaben ihre Persönlichkeit vorzustellen.

111   Einerseits und andererseits

Jeder Mensch hat gute und schlechte Eigenschaften, verhält sich richtig und verhält sich nicht so richtig. Um diese Gegensätze auszuhalten und vielleicht auch zu verändern, muß man sie erst einmal kennenlernen. Jedes Kind nimmt Papier und Stift und beantwortet für sich folgende Fragen:

- *Das kann ich besonders gut – das sind meine guten Eigenschaften:*
- *Das kann ich nicht so gut – das sind meine schlechten Eigenschaften:*
- *Das gefällt mir an mir:*
- *Das gefällt mir nicht so gut an mir:*

Anschließend werden die Selbstbeschreibungen verglichen. Die Kinder werden feststellen: Sie haben alle etwas, was ihnen gefällt und etwas, was ihnen nicht gefällt. Möchten sie so bleiben? Möchten sie etwas ändern? Können sie einander dabei helfen? Können sie gemeinsam etwas tun?

112   Ballast abwerfen

Die Gruppe spricht darüber, welche Rechte jedes ihrer Mitglieder hat, und stellt daraus eine Liste zusammen, z.B.
„Jedes Kind in unserer Gruppe hat das Recht,
- mit Achtung behandelt zu werden,
- daß ihm zugehört wird,
- auf eine eigene Meinung,
- auf seine eigenen Gefühle,
- einzigartig zu sein,
- Fehler zu machen,
- nicht herumkommandiert zu werden,
- auf schlechte Laune,
- mitspielen zu dürfen,

– die Gruppenaktivitäten mitzubestimmen."
Nun stellen sich alle vor, alleine im Korb eines Ballons zu schwe-
ben. An Bord haben sie zehn Säcke mit den o.g. Rechten. Plötzlich
verliert der Ballon an Höhe. Um den Abstieg aufzuhalten, müssen
sie Ballast abwerfen. Jedes Kind wirft zuerst den Sack mit dem
Recht ab, auf das es am ehesten verzichten kann, dann den zweit-
wichtigsten, solange, bis nur noch ein Sack mit einem einzigen
Recht an Bord ist. Dann endlich bleibt der Ballon ruhig in der richtigen Höhe in der Luft, bis der Zielpunkt erreicht ist.
Jedes Kind hat also die Aufgabe, die zehn Rechte der gemeinsamen Liste in eine persönliche Rangreihe zu bringen.
Anschließend wird gemeinsam darüber gesprochen, wie sich die
einzelnen entschieden haben und warum.
Wie schwer ist jedem Kind die Entscheidung gefallen? Wie groß
sind die Unterschiede unter den Kindern? Was folgt daraus für das
Zusammenleben in der Gruppe? Was folgt daraus für den Umgang
mit einzelnen Kindern?

113 Dunkle Wolken – klarer Himmel

Wenn ein Kind wütend ist, ist das vielleicht wie Sturm oder Gewit-
ter, wie dunkle Wolken oder scharfe Spitzen. Wenn es ausgegli-
chen ist, ist das vielleicht wie blauer Himmel, Sonnenschein, eine
schöne Blume, runde Formen, sanfte Farben. Jedes Kind teilt ein
Zeichenblatt in zwei Hälften. Jede Blatthälfte steht für ein Gefühl.
Auf die eine Seite malen die Kinder ihren Ärger, ihre Wut, ihre
Tränen und ihre Verzweiflung, auf die andere Seite ihre Freude,
ihre Ruhe, ihre Ausgeglichenheit und ihre harmonischen Gefühle.
Die Bilder werden anschließend in der Gruppe gemeinsam betrachtet und besprochen.
Werden die Bilder im Raum aufgehängt, bleibt allen vor Augen,
daß jedes Kind, auch das, das schnell in Wut gerät und als „aggres-
siv" verschrien ist, auch harmonische und freundliche Gefühle hat,

und jedes Kind, das immer so sanft und lieb wirkt, auch aggressive und böse. In entsprechenden Situationen kann ein Blick auf die Bilder helfen, aggressives Verhalten eines Kindes nicht noch durch negative Zuschreibungen und Gegen-Aggressivität zu steigern.

114   Das Positive sehen

Positives Denken ist der Zauberschlüssel für die Entwicklung von Selbstwertgefühl und damit auch für die Möglichkeit, sich in schwierigen Situationen konstruktiv und sozial akzeptiert zu verhalten.

In jeder Gruppe gelten bestimmte Kinder als „aggressiv". Kinder, die sich „aggressiv verhalten", haben meist früh gelernt, daß sie „aggressiv sind" und daß dies etwas Schlechtes ist. Sie werden sich anders verhalten können, wenn sie ein positives Selbstbild erwerben und erfahren, daß „aggressiv sein" zunächst etwas Positives ist. Es bedeutet im Wortsinn „herangehen" und sagt etwas über die Antriebsenergie eines Menschen aus.

Jedes der sog. „aggressiven" Kinder wählt sich eine Kleingruppe aus. Diese erstellt mit ihm gemeinsam eine Liste, in der seine Aggressivität positiv bewertet wird, z.B.:
– Ich bin gut, weil ich ausdrücke, was ich empfinde.
– Ich bin gut, weil ich aktiv bin.
– Ich bin gut, weil ich Kraft habe.
– Ich bin gut, weil ich an die Dinge herangehe.
– Ich bin gut, weil ich deutlich sage, was ich will.
Für jedes Kind müssen mindestens drei positive Deutungen gefunden werden. Anschließend wird gemeinsam überlegt, wie die Kraft und Aktivität des Kindes bei Streitigkeiten oder anderen belastenden Situationen auch positiv eingesetzt werden können.

War es schwierig, „aggressives Verhalten" positiv zu deuten? Welche Erfahrungen haben die sog. „aggressiven" Kinder dabei gemacht?

115 Eigennamen

Bei manchen Völkern haben die Namen eine Bedeutung. Sie erinnern an wichtige Ereignisse am Tag der Geburt, z.b. an einen besonders schönen Sonnenaufgang oder eine Heuschreckenplage, oder sie drücken die Hoffnungen aus, die Eltern auf dieses Kind richten. Bei den Indianern konnten sich die Namen auch auf besondere Leistungen des Kindes beziehen oder sein Wesen charakterisieren, wie „Schlauer Fuchs" oder „Sanfte Feder", und im Laufe des Lebens verändert werden.

Welche „eigenen" Namen würden die Kinder sich heute geben? Jedes Kind überlegt für sich alleine oder in einer Kleingruppe einen treffenden Namen, der nur ihm allein gehört. Wie haben die Kinder ihren neuen Namen gefunden? Wie fühlen sie sich damit? Mit welchem Namen möchten sie in der Gruppe in Zukunft lieber angesprochen werden, mit dem „eigenen", selbst ausgewählten, oder dem „amtlichen" Namen?

116 Besser als Spießruten-Laufen

Die Kinder stehen sich in zwei Reihen gegenüber und bilden eine Gasse. Von einem Ende der Gasse her laufen sie dann nacheinander einzeln durch die Reihen. Aber statt wie beim „Spießruten-Laufen" geneckt oder geärgert zu werden, werden sie angelächelt und freundlich berührt. Bleiben sie vor einem Kind stehen, z.B. vor einem, mit dem sie eigentlich nicht so gut auskommen, muß dieses ihnen in die Augen blicken und etwas wirklich Nettes sagen, z.B.
– Ich bin dein Freund.
– Ich mag an dir, daß du fast immer gute Laune hast.
– Ich finde toll, wie schnell du im Kopf rechnen kannst.
– Willst du in der Pause mit mir spielen? O.ä.
Wenn einem Kind die Worte fehlen, kann es das „spießrutenlaufende" Kind auch einfach fest in die Arme nehmen.

Die Übung kann auch als Feedback-Übung eingesetzt werden oder
als besonderes „Geschenk" für Geburtstags-Kinder, zur Begrüßung
von Kindern nach langer Abwesenheit, zum Abschied u.a.m.

Wie fühlen sich die Kinder in den unterschiedlichen Rollen? Wie
schwer fällt es, jemandem unverhofft etwas Nettes sagen zu müssen?

3.6 Nicht-aggressive Beziehungen aufnehmen

Trotz ihres starken Bedürfnisses nach sozialer Zugehörigkeit scheitern viele Kinder und Jugendliche immer wieder bei der Kontaktaufnahme mit anderen.
Sie müssen erst lernen, sich auf andere einzustellen und dabei eigene Bedürfnisse zurückzunehmen. Sie müssen Berührungsängste abbauen und Nähe zulassen können. Wenn körperliche Tabus abgebaut sind, werden sie auch nicht-aggressiven Körperkontakt genießen können.
Kinder und Jugendliche müssen sich darauf einlassen, miteinander statt gegeneinander zu spielen. Sie müssen erfahren, wieviel Geborgenheit und Freude sie gewinnen können, wenn sie etwas gemeinsam mit anderen und etwas für andere tun.
In Spielen und Übungen, bei denen sie sich auf die Bewegungen anderer einstellen müssen, werden Gemeinsamkeit und die Notwendigkeit zur Zusammenarbeit, um Erfolg zu haben, mit allen Sinnen erfahrbar.
Die Entwicklung nicht-aggressiver Beziehungen läßt positive Gefühle füreinander entstehen und bereitet den Boden zur konstruktiven Konfliktlösung.

117 Aufstehen – hinsetzen

Die Kinder gehen durch den Raum, sie schlenkern mit Armen und Beinen, sie gehen – je nach Aufforderung durch Spielleiterin oder Spielleiter – schneller oder langsamer.
Sie suchen sich ein zweites Kind und gehen mit diesem weiter. Nach und nach passen sie ihre Bewegungen aneinander an. Ohne zu sprechen bewegen sie sich im Gleichklang. Ein Kind übernimmt

wortlos die Führung, das andere ahmt nach. Die Rollen können – immer ohne Worte – mehrfach gewechselt werden.

Auf ein Zeichen bilden sich aus den Paaren Vierergruppen. Sie suchen sich Stühle und setzen sich in einen kleinen Kreis. Nach wie vor darf nicht gesprochen werden, erlaubt ist nur Blickkontakt. Nun steht abwechselnd ein Kind auf und setzt sich wieder hin. Zur gleichen Zeit darf sich immer nur ein Kind bewegen, die Abstimmung erfolgt ohne Worte – solange, bis schließlich alle ruhig sitzen bleiben.

War es schwer, nicht sprechen zu dürfen, sich wortlos führen zu lassen oder wortlos zu führen? Gab es Kinder, die eher die Führungsrolle übernommen haben? Gab es andere, die sich eher führen ließen?

118 Körperbauten

Die Kinder bilden Kleingruppen von sechs bis acht Personen. Auf Anweisung von Spielleiterin oder Spielleiter erfüllen sie dann mit ihren Körpern bestimmte Aufgaben, z.B.:
- Baut einen Roboter!
- Baut ein Fahrzeug, das sich durch den Raum bewegen kann!
- Baut ein Tier, das andere verjagen kann!
- Baut ein Haus, das beschützen kann!

Natürlich dürfen auch die zugehörigen Geräusche nicht fehlen. Die Übung kann durch Veränderung der Gruppenzusammensetzung bei der gleichen Aufgabenstellung variiert werden.

Welche Gruppe konnte die Aufgabe am besten erfüllen? Könnten sich aus den spielerischen Körperbauten Konsequenzen für den „Ernstfall" ergeben? Können sich Kinder z.B. in bedrohlichen Situationen gemeinsam schützen?

119 Schutzhütte

Drei bis fünf Kinder finden sich zusammen. Eins wird zum Baumeister oder zur Baumeisterin erklärt und fügt die anderen zu einer „Hütte" zusammen, in die es selbst anschließend hineingeht und in der es sich wohlfühlt. Anschließend werden die Rollen getauscht, so daß jedes Kind einmal „seine" Schutzhütte bauen kann.
Wie muß eine „Hütte" sein, damit man sich darin geborgen fühlt? Wie fühlen sich die Kinder, die „Schutz" geben? Wie fühlen sich die, die „Schutz" bekommen?

120 Sprechende Hände

Zwei Kinder sitzen sich gegenüber. Sie schließen die Augen und versuchen, sich nur mit ihren Händen zu „unterhalten". Ist es ihnen tatsächlich gelungen? Worüber haben sie sich unterhalten? Wie haben sie sich dabei gefühlt? Wie oft waren sie in Versuchung, ihre Stimmen zu Hilfe zu nehmen und ihre Augen zu öffnen?
Die Übung gelingt leichter, wenn zu Beginn ein Thema verabredet wird, das dann mit den Händen diskutiert werden muß. Die Kinder können den Auftrag erhalten, das gleiche Thema einmal „erregt und wütend" und einmal „freundschaftlich und harmonisch" zu bearbeiten.

121 Zusammenarbeit

Die Kinder bilden Paare, die durch zwei dünne, ca. 30 cm lange Holzstäbchen, die an den Enden nicht angespitzt sein dürfen, miteinander verbunden sind. Möglich sind z.B. auch neue, noch nicht gespitzte Bleistifte.
Die Stäbchen werden zwischen den Fingerspitzen oder den Hand-

flächen durch geringen Druck gehalten. Die Paare müssen nun
kleine Aufgaben lösen, ohne daß ein Stäbchen zu Boden fällt oder
zerbrochen wird. Dabei darf nicht gesprochen werden. Mögliche
Aufgaben können sein:
- gemeinsam aufstehen und hinsetzen,
- über ein Hindernis steigen,
- eine Schleife binden u.ä.
Durch Erweiterung der „Zusammenarbeit" auf drei bis vier Personen kann die Übung wesentlich erschwert werden.
Wie ungewohnt war die Zusammenarbeit? Welche Aufgaben ließen sich leichter, welche schwerer bewältigen? Welche „Techni-
ken" für den „Zusammenhalt" wurden entwickelt? Wie schwierig
war es, sich ohne Sprache zu verständigen?

122 Wo alle Wut ein Ende hat

Alle Kinder beschreiben im Gruppengespräch den Ort, an dem sie
keine Wut haben, nicht aggressiv sein müssen, wo sie sich wohlfühlen, wo sie ruhig, zufrieden und ganz entspannt sein können.
Sie stellen sich vor, wie und was sie dann fühlen würden, auf der
Haut, auf der Zunge und den Zähnen, in den Händen und Füßen,
Armen und Beinen, in Herz und Magen usw. Sie stellen sich vor,
was sie hören und sehen, riechen und schmecken würden, wenn sie
an diesem Ort wären.
Dann schließen alle die Augen, versuchen sich zu entspannen und
sich diesen Ort, wo alle Wut ein Ende hat, für sich ganz persönlich
genau vorzustellen. Anschließend wird darüber gesprochen, was
jedes einzelne Kind und was die Gruppe gemeinsam tun kann, um
den realen Ort, an dem sie sich alle miteinander befinden, an dem
sie zusammen sein wollen oder müssen, so zu verändern, daß er
den Orten, an denen alle Wut ein Ende hat, ähnlicher wird.

123 Rückentransport

Die Kinder stellen oder setzen sich hintereinander, so daß jedes mit seinen Händen bequem den Rücken des Kindes vor ihm erreichen kann.

Das Kind am hintersten Ende der Reihe malt auf einen Zettel eine „Geheimbotschaft", d.h. ein Zeichen, Zahlen, Buchstaben o.ä. und hinterlegt diesen Zettel an einem Ort, wo ihn niemand einsehen kann. Das Kind am anderen Ende der Reihe bekommt ebenfalls Zettel und Bleistift.

Dann beginnt das hinterste Kind, seine Botschaft auf den Rücken des vor ihm sitzenden zu übertragen. Dies gibt die Botschaft mit seinen Händen weiter auf den nächsten Rücken – bis alle Kinder die Botschaft erhalten haben.

Das letzte Kind malt die empfangene Botschaft auf seinen Zettel. Anschließend werden Sende- und Empfangszettel verglichen: Wieviel ist von der ursprünglichen Botschaft noch zu erkennen? Wie haben sich die Kinder bei dem „Rückentransport" gefühlt? War es unangenehm, jemanden „im Rücken zu haben" und nicht zu wissen, was er tut?

124 Auf den Pelz rücken

Die Kinder üben Nähe und Miteinander, indem sie sich so eng wie möglich zusammenschließen, d.h. sie versuchen, gemeinsam so wenig Fläche wie möglich einzunehmen.

Dabei beginnen sie am besten mit einer größeren Fläche, die durch einen Kreidekreis oder ein Klebeband auf dem Boden gekennzeichnet ist, und rücken nach und nach immer enger zusammen. Das Spiel kann an mehreren Tagen hintereinander gespielt werden. Die zunehmende Nähe kann dann durch die Verkleinerung der markierten Grundfläche nachgewiesen werden.

Der räumliche Abstand zwischen den Kindern kann am Anfang

auch dem tatsächlichen emotionalen Abstand zwischen ihnen ent-
sprechen. Die eingenommene Fläche veranschaulicht ihnen dann
jeweils, wie nah – oder fern – sie einander sind.

125   Gordischer Knoten

Die Kinder bilden Gruppen von zwölf bis fünfzehn Personen. Die
Mitglieder jeder Gruppe stellen sich nun in einen relativ engen
Kreis, strecken beide Arme in die Kreismitte, schließen die Augen
und geben einander blind die Hände.
Nachdem sie die Augen wieder geöffnet haben, müssen sie kon-
trollieren – und gegebenenfalls korrigieren –, daß sie nicht die
Hände der direkt neben ihnen Stehenden und nicht beide Hände
des gleichen Kindes ergriffen haben. Wenn nicht, ist der gordische
Knoten fertig.
Er kann nun – ohne die Hände loszulassen – mit ein bißchen gedul-
diger Zusammenarbeit wieder aufgeknüpft werden, so daß alle
Kinder sich in Kreisform an den Händen halten. Haben es die Kinder geschafft? Wie haben sie sich bei dieser „Verknotung" gefühlt?

126   Igel streicheln

Nicht alle richten ihren Ärger und ihre Wut nach außen. Manche
Kinder werden immer verschlossener, sie „igeln sich ein" und machen es sich und anderen schwer, wieder positive Beziehungen aufzunehmen.
Die Gruppe bildet Paare. Ein Kind wird zunächst zum Igel, „igelt
sich ein", indem es sich eng zusammenrollt (Knie angezogen, Augen geschlossen, Kopf auf die Knie und die Arme um die Knie ge-
schlungen) und versucht, sich vorzustellen, daß es gekränkt und
beleidigt ist. Das andere Kind versucht nun, es aus dieser Isolation

herauszuholen. Es kann den „Igel" streicheln, mit ihm sprechen, ihn sanft hin- und herrollen u.ä. Natürlich darf es nicht versuchen, die „Einigelung" mit Gewalt aufzubrechen. Oft hilft, wenn es sich vorstellt, was ihm selbst in einer solchen Situation angenehm wäre. Anschließend werden die Rollen gewechselt. Zum Abschluß ist in der Gruppe Gelegenheit, darüber zu sprechen, welche Erfahrungen die Kinder beim „Einigeln" und beim „Igel streicheln" gemacht haben. Wodurch wurde die Spannung am ehesten gelockert? Wodurch entstand neue Spannung? Haben alle ähnlich empfunden, oder gibt es ganz persönliche Widerstände und ganz persönliche Hilfen?
„Igel streicheln" ist ein sehr intimes Spiel. Deshalb darf kein Kind zum Mitmachen gedrängt werden.

127 Gemeinsame Wut – Gemeinsamer Frieden

Die Gruppe teilt sich in Kleingruppen von zwei bis vier Personen. Jede Kleingruppe bekommt ein großes Blatt Papier, das mit einem Strich in zwei Hälften geteilt wird. In die eine Hälfte wird nun zuerst gemeinsam ein „Wut"-Bild gemalt, anschließend in die andere Hälfte ein „Harmonie"-Bild. Sind alle fertig, werden die Bilder allen Gruppen gegenseitig vorgestellt und besprochen.
Welche Gefühle hatten die Kinder beim gemeinsamen Malen von Wut? Welche Gefühle hatten sie beim gemeinsamen Malen von Frieden und Harmonie? Haben sie überhaupt „gemeinsam" gemalt? Haben sich einige Gruppenmitglieder eher vorgedrängelt, andere eher zurückgehalten?

128 Gruppenbild

Jedes Kind erhält ein DIN A 3-Zeichenblatt. Nun wird ein Thema gestellt, und alle beginnen auf ihrem Blatt ein Bild dazu zu malen. Auf ein Signal hin geben sie ihr Blatt nach kurzer Zeit jeweils an das links neben ihnen sitzende Kind weiter. Dieses fügt der Zeichnung ein weiteres Detail hinzu, solange, bis wieder die Aufforderung zum Weitergeben erfolgt.

Wie sehen die Bilder aus, wenn alle Blätter einmal durch die Gruppe wieder zum ersten Kind zurückgekommen sind? Haben sich tatsächlich alle bemüht, am Thema zu arbeiten und ein „Gruppenbild" entstehen zu lassen? Wie schwierig war das?

Wäre es sinnvoll, noch eine zweite Runde anzuschließen, um die Bilder „fertig" zu malen?

129 Fensterln

Die Gruppe teilt sich in Kleingruppen von drei bis sechs Kindern; jedes Kind erhält einen andersfarbigen Stift. Jede Kleingruppe setzt sich um einen großen Bogen Papier (mindestens DIN A 1), der durch ein Strich-Kreuz in vier gleich große Fenster geteilt ist. In jedes Fenster wird nun ein Bild gemalt:

– *Links oben:* Jedes Gruppenmitglied malt für sich alleine, was ihm gerade einfällt, grenzt sich ab.

– *Rechts oben:* Alle versuchen, den Platz mit dem eigenen Bild zu füllen, sich gegenseitig den Platz streitig zu machen, die Bilder der anderen zu übermalen.

– *Links unten:* Alle malen nacheinander und versuchen dabei, das angefangene Bild zu ergänzen.

– *Rechts unten:* Alle malen gleichzeitig ein möglichst harmonisches Bild, sie gehen aufeinander ein.

Wie haben die Kinder die verschiedenen „Fensterl-Techniken" erlebt? Welche war am leichtesten? Was war am unangenehmsten?

130 Anti-Wut-Flieger

Sich nach einem Wutausbruch zu entschuldigen, wieder mitzuarbeiten oder mitzuspielen, ist schwer. Viele Kinder haben sich schnell wieder beruhigt, können das aber nur zögernd mit Worten bekanntgeben.

Hier kann es hilfreich sein, für solche Fälle „Anti-Wut-Flieger" zur Hand zu haben. Die Papierflieger werden gemeinsam in einer ruhigen Stunde gefaltet und mit den am häufigsten gebrauchten „Friedensbotschaften" beschriftet, z.b.:
– *Entschuldigung!*
– *Ich möchte mitspielen.*
– *Ich möchte mitarbeiten.*
– *Ich ärgere dich jetzt nicht mehr* u.ä.
Die „Anti-Wut-Flieger" warten stets in einer Ecke des Raums auf ihren Einsatz. Jedes Kind kann bei Bedarf wortlos von ihnen Gebrauch machen und einem anderen Kind oder einer Gruppe eine „Friedensbotschaft" zufliegen lassen.

131 Wir gehören zusammen

Die Kinder versuchen, ihre Vornamen möglichst alle nach Art eines Kreuzworträtsels miteinander zu verbinden.

Ausgangsname ist jeweils der Name des Kindes, das besonders herausgehoben werden soll, z.B. weil es Geburtstag hat, weil es neu in der Gruppe ist, um ihm einfach nur zu sagen, daß es dazu gehört o.ä.

```
                  F
                  R
                  I
         B        E
  O T T  O        D
         R        E V A
         I        R
         S A B I N E
         K        M
         E L I S A B E T H
                  G     I
                  A     N I N A
                  L     A
                  I
```

132 Sich in der Gruppe wohlfühlen

Alle Kinder schreiben anonym und mit verfremdeter Schrift, am besten in Druckbuchstaben, auf, wovor sie in dieser Gruppe Angst haben, wodurch sie sich bedroht fühlen, was sie in dieser Gruppe wütend macht.

Die Zettel werden in einem Kasten gesammelt und anschließend auf Wandzeitungen befestigt – so daß wirklich kein Zettel mehr einem bestimmten Kind zuzuordnen ist und niemand Angst vor Sanktionen haben muß.

Die so gesammelten Befürchtungen und Bedrohungen werden nach und nach in der Gruppe besprochen und bearbeitet, so daß sich im Laufe der Zeit alle Kinder in der Gruppe wohlfühlen können.

Statt mit Worten können die Ängste natürlich auch mit Bildern (Zeichnungen) dargestellt werden. Wie groß ist die Angst einzelner Kinder, sich zu offenbaren? Verändern sich ihre Gefühle im Laufe der Zeit? Verändert sich die Atmosphäre in der Gruppe?

133 Freundschaft zaubern

Jedes Kind darf drei andere Kinder so verzaubern, daß diese in Zukunft freundlich und nett zu ihm sind. Mit einem Zauberstab, z.B. einem Lineal, tippt es den Kindern nacheinander auf die Schulter und sagt seinen Zauberspruch, z.B.:

– „Michael, ich verzaubere dich in einen Jungen, der mich nicht immer schubst, wenn ich an ihm vorbeigehe."

– „Anna, ich verzaubere dich in ein Mädchen, das sich nicht lustig macht, wenn ich etwas nicht kann."

– „André, ich verzaubere dich in einen Nachbarn, der nicht ständig meine Tischhälfte für sich beansprucht."

Die verzauberten Kinder müssen den Zauber schweigend über sich ergehen lassen und den Zauberspruch überdenken. Sie werden nicht gezwungen, ihn einzulösen – aber vielleicht verändern sie sich doch ein wenig.

Was empfinden die Kinder bei diesem Spiel? Was empfinden die, die zaubern, und die, die verzaubert werden?

Es ist entlastend, auf Kritik nicht antworten zu müssen und keinen Druck zu erhalten, sich zu verändern. Das schafft eine günstige Situation, sich den Zauberspruch vielleicht doch insgeheim zu Herzen zu nehmen.

134 Geheime Freundschaft

Jedes Kind macht für einen festgelegten Zeitraum (bei kleineren Kindern ein bis zwei Tage, bei größeren mehrere Tage, eine Wo-

che, einen Monat) ein anderes, mit dem es oft Streit hat oder das es
eigentlich nicht leiden kann, zur heimlichen Freundin oder zum
heimlichen Freund. Während dieser Zeit achtet es besonders auf
positives Verhalten des betreffenden Kindes. Ältere Kinder führen
am besten täglich ein „Freundschaftsprotokoll", in dem sie kon-
krete positive Ereignisse und Beobachtungen festhalten. Zu der
„geheimen Freundschaft" gehört auch, den geheimen Freund oder
die geheime Freundin unauffällig durch Worte und Taten zu unterstützen, z.B. sie bei einer „Meldekette" drannehmen, sie beim
Sport in die eigene Gruppe wählen, ihre Wünsche und Argumente
in einer Diskussion unterstützen u.ä.

Nach Abschluß der festgelegten Zeit wird mit der Gruppe über die
Erfahrungen mit den geheimen Freundschaften gesprochen. Dabei
können diese – müssen aber nicht! – aufgedeckt werden. Welche
Erfahrungen haben die Kinder gemacht? Ist aus der geheimen vielleicht sogar eine offene Freundschaft geworden?

135 Geschenke machen

Alle Kinder schreiben ihren Namen auf einen Zettel. Die Zettel
werden gemischt. Jedes Kind zieht einen – anderen – Namen. Für
das Kind auf dem Zettel denkt es sich ein ganz persönliches Geschenk aus, schreibt es auf und fügt den eigenen Namen als Absen-
der hinzu, z.B.
– Für Dirk: „Ich helfe dir heute bei den Hausaufgaben." Marie
– Für Robert: „Ich wähle dich beim nächsten Fußballspiel in
  meine Mannschaft." Ismail
– Für Heike: „Ich leihe dir meine Schere, bis du selbst eine hast."
  Mike

Mit solchen „Geschenken" kann eine Gruppenstunde beendet werden. Die Geschenke werden dann laut vorgelesen, die beschenkten
Kinder bedanken sich. Natürlich müssen die angekündigten Geschenke auch wirklich eintreffen.

Solche Geschenke eignen sich auch zur Versöhnung nach einem großen Krach oder zur Entspannung nach einer besonders anstrengenden Arbeitsphase. Sie können die üblichen Weihnachtsgeschenke ersetzen oder einzelnen Kindern zu besonderen Gelegenheiten, zum Geburtstag, zum schnelleren Gesundwerden oder besseren Eingewöhnen u.ä. gemacht werden.

Wie fühlen sich die Kinder, die schenken? Wie fühlen sich die beschenkten Kinder? Wie schwer fällt es manchmal, ein „passendes" Geschenk zu finden?

3.7 Konflikte friedlich lösen

Konflikte entstehen durch das Aufeinanderprallen unterschiedlicher Interessen und Bedürfnisse. Von vielen Menschen – gerade von Erwachsenen – werden sie als bedrohlich erlebt und deshalb möglichst umgangen oder schnell „abgestellt". Daß Kinder und Jugendliche Konflikten gegenüber hilflos sind bzw. bevorzugt zu aggressiven Formen der Konfliktaustragung greifen, ist deshalb kein Zufall: Sie haben es nicht anders gelernt. Gelernt haben sie im allgemeinen, daß „der Stärkere sich durchsetzt" und sie „sich wehren müssen". Aggressive Auseinandersetzungen und Drohgebärden lösen aber keine Konflikte. Diese bleiben unterschwellig vorhanden und belasten die Beziehungen immer wieder aufs neue.

Ein Leben ohne Konflikte ist nicht möglich. Es geht deshalb nicht darum, Konflikte vermeiden zu lernen, sondern sie fair und angemessen zu bewältigen. Konflikte müssen nicht in Machtkämpfe und Streit ausarten, sondern können stattdessen als Chance zur Klärung der Standpunkte und zur Verbesserung der gegenseitigen Beziehungen begriffen werden.

Echte Konfliktlösung setzt voraus, daß Kinder und Jugendliche lernen, sich gegenseitig zu achten und ihre berechtigten Interessen vorzutragen und durchzusetzen, ohne daß sie selbst oder andere dabei Schaden erleiden.

Interaktionsübungen und Spiele reduzieren nicht die Anzahl der Konflikte in einer Gruppe. Sie können aber dazu beitragen, Konflikte bewußter und aggressionsfreier auszutragen und neue, kreative Ideen zu ihrer Lösung zu entwickeln.

Voraussetzungen zur nicht-aggressiven Konfliktlösung sind eine vertrauensvolle, entspannte Atmosphäre in der Gruppe, gegenseitiges Vertrauen und der gemeinsame Wunsch, auf eine Lösung des Konflikts hinzuarbeiten, die alle mittragen können.

136 Wenn zwei sich streiten .

Die Gruppe teilt sich in Dreiergruppen. Zwei Kinder beginnen ein Streitgespräch über ein beliebiges Thema, z.b. über eines, das in der Gruppe häufiger zu Auseinandersetzungen führt, wobei das zweite Kind dem ersten ständig widerspricht – auch, wenn es damit gegen seine eigene Einstellung argumentieren muß. Das dritte Kind muß versuchen, den Streit mit zusätzlichen Argumenten zu „schlichten". Das kann ihm natürlich bei der vorgegebenen Spielregel nicht gelingen. Die Streitenden dürfen ja nicht von ihrem Standpunkt abweichen.

Nach etwa fünf Minuten wird gewechselt, so daß jedes Kind nacheinander einmal jede Rolle spielt.

Anschließend wird in der Großgruppe über die beim Spiel gemachten Erfahrungen gesprochen und darüber nachgedacht, welche Voraussetzungen gegeben sein müssen, damit Streit tatsächlich geschlichtet werden kann. Vielleicht stellt die Gruppe gemeinsam „Streitregeln" auf?

137 Japanisch Knobeln

Knobeln mit den Händen ist allgemein bekannt, beim „japanischen Knobeln" wird der ganze Körper eingesetzt.

Die Knobel-Symbole sind:
– *der Samurai:* Ausfallschritt nach vorn und Stich mit einem (imaginären) Schwert;
– *der Löwe:* drohen mit beiden zu Tatzen mit Krallen geformten Händen und gefährliches Knurren;
– *das japanische Mütterchen:* gebeugter Rücken und zitternde Hände.

Geknobelt wird so: Der Samurai tötet den Löwen mit dem Schwert, der Löwe frißt das japanische Mütterchen. Das japanische Mütterchen aber hat Macht über den Samurai, aus Ehrfurcht unterläßt er das Töten, bleibt sein Schwert in der Scheide.

Nachdem die Darstellung der Figuren und die Machtverhältnisse eingeübt sind, können die Kinder einzeln oder in zwei Gruppen gegeneinander spielen. Bei einem Gruppenspiel schließt sich jede Gruppe vor jedem Knobeln in einem Kreis zusammen und entscheidet sich für eine der Figuren, die dann – auf ein Zeichen – jedes Kind für sich darstellt.

Japanisch Knobeln eignet sich gut zum Abbau emotionaler Spannungen, da es nicht nur bewegungsintensiv ist, sondern – gerade beim Gruppenknobeln – durch die unterschiedlichen Darstellungen auch zum Lachen reizt.

138   Wut aussitzen

Konflikte sollten von den Kindern ausgetragen werden, die sie haben. Eine gute Möglichkeit hierzu ist das „Aussitzen" von Konflikten auf besonderen „Wutstühlen".

In einer Ecke des Raumes setzen sich die beiden Streitenden auf zwei gegenüberstehende Stühle und schmeißen sich nun alle Vorwürfe an den Kopf, die sie loswerden möchten – nur handgreiflich dürfen sie nicht werden. Erst wenn der Konflikt gelöst ist, dürfen sie wieder am Gruppengeschehen teilnehmen. Für kleinere Kinder empfiehlt es sich, die „Wutstühle" entsprechend zu kennzeichnen, z.B. durch das Aufmalen von Wutgesichtern und „flammenden" Farben, und sie nur für das „Aussitzen" von Streitfällen zu reservieren.

Auch wer nur für sich alleine wütend ist, kann sich dann solange auf einen „Wut-Stuhl" zurückziehen und darf dort nicht angesprochen werden, bis er sich wieder von selbst in die Gruppe einbringt.

139   Vom Kind, das die Wut besiegte

Spielleiterin oder -leiter beginnen, ein Märchen zu erzählen vom
„Kind, das die Wut besiegte". Die Geschichte kann frei erfunden
sein oder eine wahre Begebenheit aus der Gruppe in „märchenhaf-
ter" Verfremdung aufgreifen.
Nach den ersten drei bis vier Sätzen setzen die Kinder die Geschichte reihum fort. Aufgabe ist, gemeinsam eine Lösung zu
(er)finden, in der die Wut besiegt wird.
Im anschließenden Gespräch kann geklärt werden, ob das tatsächlich gelungen ist oder an welchen Stellen es „Brüche" im Hand-
lungsablauf gegeben hat.
Die Geschichte kann dann noch einmal von vorne – oder ab einer
der „Bruch-Stellen" – mit einem anderen Verlauf und Ende erzählt
werden.
Die verschiedenen Lösungen können nebeneinander als gleichbe-
rechtigt stehenbleiben, oder die Gruppe einigt sich auf eine Lösung, die alle zufriedenstellt.

140   Streitspiele

Je zwei Kinder tun sich zusammen und spielen eine vorgegebene
Streitsituation, die in der Gruppe häufiger vorkommt, z.B.:
– Das eine Kind hat tolle Farbstifte, und das andere benutzt sie immer ganz selbstverständlich für seine Malereien und macht sie
  dabei auch kaputt.
– Das eine Kind steht ganz vorne in einer Schlange (beim Sport,
  beim Einsteigen in den Bus o.ä.), da kommt das andere und
  drängt sich vor u.ä.
Die beiden Kinder diskutieren das Problem, indem jeweils eines
die Rolle des gestörten oder angegriffenen und das andere die des
störenden oder angreifenden Kindes übernimmt. Nach einer Weile
tauschen sie die Rollen. Nach Möglichkeit sollten sie eine Lösung

des Konflikts finden. Die Lösungen der Zweier-Gruppe werden dann in der Großgruppe vorgetragen und auf ihre Realisierungsmöglichkeiten hin überprüft.

141   Streit schlichten

Die Gruppe stellt sich vor, zwei von ihnen, nennen wir sie Paul und Sabine, sind schon seit der Kindergartenzeit befreundet. Sie spielen fast immer zusammen, und meistens vertragen sie sich gut. Natürlich haben sie manchmal auch Streit. An einem Tag aber sind sie ganz schrecklich wütend aufeinander. Sie wollen nie wieder miteinander spielen. Warum sind sie so wütend aufeinander? Und was könnten sie tun, um sich wieder zu vertragen – es wäre doch dumm, wenn eine so lange Freundschaft durch einen einzigen Streit auseinanderginge.

Jedes Kind versucht zunächst alleine, auf diese Fragen eine Antwort zu finden. Anschließend stellen die Kinder ihre Lösungen in der Gruppe vor und überlegen dann gemeinsam, welche davon wohl am besten sind und welche sie selbst schon mit Erfolg ausprobiert haben oder beim nächsten Streit ausprobieren wollen.

142   Perspektivenwechsel

Die Kinder bilden einen Sitzkreis. In der Mitte sitzen sich zwei Kinder gegenüber, die einen Konflikt miteinander zu lösen haben. Jedes der beiden wird nun aufgefordert, sich in das andere hineinzuversetzen und den Konflikt aus der Sicht des anderen vorzutragen.

Die beiden Kinder sollen dann versuchen, eine gemeinsame Konfliktlösung zu finden, wobei sie stets dabei bleiben müssen, die Position des anderen zu vertreten. Die anderen Kinder dürfen helfend eingreifen, wenn das Gespräch ins Stocken gerät oder die beiden „aus der Rolle fallen".

Welche Gefühle bewegen die „Konflikt-Kinder"? Welche Gefühle haben die anderen? Gelingt es, eine befriedigende Konfliktlösung zu finden?

143   Drei Wünsche

Die Kinder bilden Dreier-Gruppen. Jedes Kind der Gruppe schreibt zunächst für sich drei besondere Wünsche zu vorgegebenen Themen auf. Dann spricht die Dreiergruppe über die Wunschaussagen und einigt sich auf einen der Wünsche. Die übriggebliebenen Wünsche werden in der Gesamtgruppe aller Kinder diskutiert, solange, bis diese sich auf einen einzigen Wunsch geeinigt hat. Wunschthemen können z.B. sein:
– Wohin möchtest du am liebsten verreisen?
– Welches Spiel möchtest du am liebsten in der nächsten Stunde spielen?
– Was möchtest du am liebsten zum Mittagessen?
Welche Erfahrungen haben die Kinder gemacht? War es schwer, sich zu einigen? Wer konnte seine Wünsche durchsetzen? Auf welche Art und Weise? Haben überhaupt alle versucht, ihre Wünsche durchzusetzen, oder haben sich einige von vorne herein den anderen gefügt?

144   Schiffbrüchig

Bei einem Schiffsunglück kann die Gruppe sich in ein kleines Boot retten, mit dem sie eine unbewohnte Insel erreichen kann – wenn das Boot nicht zu schwer wird.

Außer der Kleidung, die jedes Kind am Leib trägt, können insge-

samt nur zehn Gegenstände mitgenommen werden, sonst sinkt
auch das Rettungsboot. Die Gegenstände müssen danach ausgewählt werden, wie wichtig sie für das Überleben der Gruppe auf
der Insel sind.

Zuerst stellt jedes Kind für sich eine eigene Liste mit jeweils zehn
lebensnotwendigen Gegenständen zusammen.
Danach werden kleine Gruppen (drei bis fünf Kinder) gebildet, die
aus den jeweiligen Einzellisten ihrer Gruppenmitglieder eine gemeinsame Liste zusammenstellen müssen. Sind sie damit fertig,
entsenden die Kleingruppen jeweils ein Kind in den „Rat der
Schiffbrüchigen", der dann die endgültige Entscheidung über die
zehn Gegenstände treffen muß.
Der „Rat" tagt zu diesem Zweck „öffentlich": Die dazugehörigen
Kinder setzen sich in die Mitte und verhandeln laut. Alle anderen
Kinder sitzen im Kreis um sie herum und beobachten die Abstim-
mungsverhandlungen.
Wie kam die endgültige Liste zustande? War die Einigung einfach,
oder gab es Konflikte und welche? Wie verliefen die Verhandlungen in den (nicht-öffentlichen) Kleingruppen, wie in der (öffentli-

chen) Abstimmungsgruppe? Fühlte sich jedes Kind immer gut vertreten? Kann jedes die Entscheidung akzeptieren, auch wenn es
selbst zunächst vielleicht etwas anderes mitnehmen wollte?

145 Pro und Kontra

Zur Bearbeitung einer Streitfrage wird eine Pro- und Kontra-Dis-
kussion geführt. Die Kinder bilden zwei Gruppen, eine von ihnen
sammelt die Pro-Argumente, die andere die Kontra-Argumente –
unabhängig von der eigenen Meinung zu der Streitfrage. Die Pro-
und Kontra-Argumente werden, z.B. auf zwei Wandzeitungen, einander gegenübergestellt und diskutiert. Die beiden gegensätzlichen
Standpunkte können auch noch einmal durch je ein Mitglied der
Pro- und Kontra-Gruppe zusammenfassend vorgetragen werden.
Dann wird abgestimmt: Welche Argumente sind überzeugender?
Wofür entscheiden sich die einzelnen Kinder? Gibt es eine Ten-
denz in der Gruppe, sich eher für die eine oder die andere „Seite"
zu entscheiden? Ist eine Entscheidung überhaupt notwendig? Gibt
es nicht auch Streitfragen, die nicht auszudiskutieren sind? Können
nicht gegensätzliche Argumente und Sichtweisen auch nebeneinander Bestand haben, ohne daß darüber gestritten werden muß?
Können wir nicht einfach akzeptieren, daß andere eine andere Meinung haben?

146 Ungelöste Konflikte

Alle Kinder erinnern sich sicher an ungelöste Streitfälle. Die nicht
bearbeiteten Wut- und Ohnmachtsgefühle beeinflussen jeden
neuen Konflikt. Um besser damit fertig zu werden, helfen kein
„Sich-Zusammennehmen" oder „Verdrängen", sondern nur die bewußte Auseinandersetzung mit dem frustrierenden Erlebnis.

Hierzu setzen die Kinder sich bequem hin und entspannen sich. Sie schließen die Augen und atmen ruhig und gleichmäßig. Der Gruppenleiter oder die -leiterin fordern sie dann auf:

„Denke an einen Streit oder eine Auseinandersetzung, die dich wütend und hilflos zugleich gemacht hat und die dich immer noch beschäftigt. Versuche nun, über das „Daran-Denken" hinauszugehen und den Streit oder die Auseinandersetzung noch einmal zu erleben. Versetze dich in die damalige Situation zurück: Wo warst du? Was hast du getan? Was haben andere getan? Wie hast du dich gefühlt? Was hast du gehört, gesehen, gerochen, geschmeckt? Was hattest du an? Hast du etwas gesagt? Was hast du gesagt? Was haben andere gesagt? Sprich und höre noch einmal jedes einzelne Wort, erlebe jede Geste, jede Bewegung, jedes Gefühl ...

Hast du dich noch einmal richtig in den Konflikt hineinversetzen können? Nun gib die Erinnerung wieder frei. Laß von ihr ab. Wenn sie dich aufgeregt hat, entspanne dich wieder. Achte auf deinen Atem. Atme ruhig und gleichmäßig, ruhig und gleichmäßig ...

Nun erlebe den gleichen Vorfall noch einmal. Diesmal bist du aber nicht du, sondern die andere Person, die dich damals so wütend gemacht hat. Stell dir vor, du bist sie. Du hast ihre Gedanken, ihre Bewegungen, ihre Gefühle. Wie ist es, die andere Person zu sein? Wie erlebst du den Vorfall jetzt ...?

Konntest du alles noch einmal erleben? Nun streife die Erinnerung langsam wieder ab ...

Wenn du bereit bist, werde wieder du selbst und komm langsam wieder in den Raum, in die Gruppe, in das Hier und Jetzt zurück ..."

Wie haben die Kinder sich bei dieser Übung gefühlt? Konnten sie wirklich die damalige Situation noch einmal erleben? Konnten sie sich in die andere Person einfühlen? Wie empfinden sie jetzt? Können sie sich und die andere Person von damals nun besser verstehen? Wie geht es ihnen jetzt, wenn sie an den Konflikt von damals denken? Haben sich Wut und Ohnmacht verändert? Wie würden sie jetzt in dem Konflikt handeln?

147 Altlasten

Echte Streitsituationen mindestens vom Vortag – damit Wut und Aggression schon verraucht und ein Gespräch überhaupt möglich ist – werden noch einmal von den ursprünglich beteiligten oder auch von anderen Kindern nachgespielt.

Die Gruppe versucht dann gemeinsam herauszufinden, worum es bei dem Streit überhaupt ging und ob und wie er zu verhindern gewesen wäre bzw. wie er konstruktiver hätte geführt werden können oder was die Kinder statt dessen hätten tun können.

Werden solche „alten Streitereien" häufiger nachbesprochen, sollten im Laufe der Zeit daraus einige Grundregeln festgehalten werden, mit deren Hilfe künftig Problemsituationen aggressionsfrei(er) bewältigt werden können.

148 Ältestenrat

Gruppenleiterin oder -leiter erzählen der Gruppe die Geschichte von zwei verfeindeten Indianerstämmen, die gemeinsam eine Brücke bauen müssen, um ihre Jagdgründe erreichen zu können. Der eine Stamm besitzt die Wälder für das Holz, der andere die notwendigen Werkzeuge.

Die Kindergruppe teilt sich nun in zwei Gruppen, die die beiden verfeindeten Stämme vertreten. Zunächst listet jeder „Stamm" für sich die Störungen auf, die ein gemeinsames Arbeiten verhindern. Dann treten sie über ihre „Ältesten" (zwei bis drei Kinder aus jeder Gruppe) in Verhandlungsgespräche ein. Die Ältesten nehmen immer wieder Rücksprache mit ihrem Stamm und entwickeln so neue Lösungsvorschläge – bis zu einer endgültigen gemeinsamen Lösung.

Ist das Verfahren eingeübt, kann es natürlich auch zur Bearbeitung tatsächlicher Konflikte in der Gruppe benutzt werden.

149   Konflikt-Protokoll

Zum Konfliktlösen braucht man ruhig Blut und einen kühlen Kopf. Vor jeder Konfliktlösung empfiehlt es sich deshalb nicht nur, erst einmal tief durchzuatmen, bis 10 (oder bis 20 oder 100 – je nach Erregung) zu zählen, einmal „um den Block zu laufen" o.ä., sondern auch, den Konflikt möglichst sachlich vor dem inneren Auge Revue passieren zu lassen und ein – schriftliches – Konflikt-Protokoll zu erstellen, das Antwort auf folgende Fragen gibt:

– *Mit wem habe ich gestritten?*
– *Was wollte ich erreichen?*
– *Was wollte die oder der andere erreichen?*
– *Was habe ich gesagt und/oder getan?*
– *Was hat die oder der andere gesagt und/oder getan?*
– *Wie fühle ich mich jetzt?*
– *Wie könnte sich die oder der andere jetzt fühlen?*
– *Was könnte ich tun, um den Streit zu beenden?*
– *Was könnte die oder der andere tun, um den Streit zu beenden?*

Mit Hilfe des Protokolls sollten zunächst die am Konflikt Beteiligten versuchen, unter sich eine Lösung zu finden. Erst wenn das nicht gelingt, sollten die Gruppe oder auch Gruppenleiterin oder -leiter zur Unterstützung herangezogen werden.

Wie schwer ist es, ein Konfliktgeschehen, an dem man selbst beteiligt ist, möglichst „sachlich" zu analysieren? Gibt es Konfliktthemen, die immer wieder auftreten? Gibt es Personen, mit denen ich immer wieder in Streit gerate? Warum könnte das so sein? Was könnte ich dagegen tun?

150   Rechtsbeistand

Streitende Kinder oder Kindergruppen wählen als Beistand je einen „Streit-Anwalt" oder eine „Streit-Anwältin". Diese dürfen natürlich nicht selbst am Konflikt beteiligt sein, sondern müssen versuchen, die gegensätzlichen Standpunkte ihrer Parteien sachlich zu vertreten und einen Ausgleich zu finden.

Die Betroffenen selbst dürfen in den Konfliktverhandlungen nur das Wort ergreifen, wenn sie von ihrem Anwalt oder ihrer Anwältin ausdrücklich dazu aufgefordert werden.

Diese unterbrechen die Verhandlungen von Zeit zu Zeit, um Rücksprache mit den von ihnen vertretenen „Streit-Parteien" zu nehmen und neue Schlichtungsangebote zu entwickeln.

Die Konfliktlösung wird so lange vertagt und weiter verhandelt, bis eine angemessene Lösung gefunden ist, die beide Streit-Parteien mittragen können. Während der Verhandlungsdauer ruhen alle Streitereien, die Parteien müssen sich „neutral" verhalten.

Wie schwierig ist es, einen Streit „ruhen" zu lassen? Wie schwierig ist es, sich bei der Konfliktlösung nicht einmischen zu dürfen, sondern die Verhandlung der Anwältin oder dem Anwalt zu überlassen? Wie entlastend kann es aber auch sein, nicht selbst verhandeln zu müssen?

151   Streitpunkte

In vielen Gruppen, zwischen vielen Kindern gibt es Konflikte, die immer wieder aufflackern. Durch das Aufdecken solcher Streitpunkte können Konflikte verhindert und mögliche Konfliktlösungen eingeübt werden.

Auf einer Wandzeitung oder einem großen Bogen Papier, der auf dem Boden ausgelegt wird, sammeln die Kinder „ihre" Streitpunkte und Konfliktanlässe (Beispiel siehe unten).

Die Gruppe diskutiert darüber, welche Konflikte am häufigsten auftreten und wie sie bisher gelöst wurden. Sind alle mit dem bisherigen Vorgehen zufrieden, oder könnte es vielleicht bessere Lösungen geben? Könnte es sogar möglich sein, Konflikte gar nicht erst auftreten zu lassen oder sie doch zumindest schon im Keim zu ersticken?

Gibt es Streitpunkte, die zusammenhängen, etwa nach dem Mu-
ster: Wenn zuerst das passiert ist, wird anschließend jenes passieren? Wenn ich Krach mit meiner Freundin hatte, habe ich dann
nicht hinterher auch oft mit meiner Mutter Krach?
Die häufigsten oder bedeutsamsten Streitpunkte werden an Kleingruppen verteilt. Diese erarbeiten Lösungsvorschläge, die anschließend der Großgruppe, z.B. als Rollenspiel, vorgetragen werden.
Sind die Vorschläge realistisch? Gibt es noch andere Möglichkeiten? Welche könnten wir beim nächsten Streit ausprobieren?

152 Friedensangebote

Konflikte entstehen häufig dadurch, daß den kindlichen Wünschen und Bedürfnissen nicht entsprochen wird, weil die Erwachsenen negative Konsequenzen befürchten. Diese potentiellen Konflikte können durch vorausschauende „Friedensangebote" der Kinder entschärft werden. Zum Erarbeiten solcher „Friedensangebote" für vorauszusehende – und vermutlich immer wiederkehrende – Konflikte kann folgendes Raster (mit Konflikt-Beispielen) gute Dienste leisten:

Meine Wünsche	Mögliche Konflikte	Mein Friedens-angebot
Einen bestimmten Film im Fernsehen sehen.	„Du sitzt nur vor dem Kasten."	Den Film aufzeichnen, einen „günstigen" Seh-Termin mit den Eltern absprechen.
Mit dem Rad zur Schule fahren.	„Das ist viel zu gefährlich."	Erst eine Radfahrprüfung bei der Polizei ablegen.
In der Schule neben einem bestimmten Kind sitzen.	„Ihr schwätzt ja doch nur."	Einen „Verhaltensvertrag" mit Lehrer oder Lehrerin abschließen.

Das Ausfüllen eines solchen Rasters kann auch in Partner- oder Kleingruppenarbeit geleistet werden. In der Großgruppe können zunächst die Wünsche der Kinder gesammelt werden, die immer wieder zu Konflikten führen. Die „Friedensangebote" werden anschließend diskutiert. Welches hat tatsächlich schon geholfen? Was war schwer, was leichter einzuhalten?
Besonders wirksam wird die Übung, wenn auch die beteiligten Erwachsenen „Friedensangebote" machen.

Spiel · Spannung · Entspannung

Rosemarie Portmann /
Elisabeth Schneider
Spiele zur Entspannung und Konzentration

112 S., Noten, kartoniert
ISBN 3-7698-0560-7

Übungen und Spiele für Freizeit-
und Lerngruppen, um Entspannung und Konzentration einzuüben
bzw. wiederherzustellen. Für
Kinder, Jugendliche und
Erwachsene gleichermaßen
geeignet.

Rosemarie Portmann /
Elisabeth Schneider
Mit Sprache spielen

Überarbeitete Neuauflage des bisherigen
Titels „Spielen mit Buchstaben, Wörtern,
Texten"
144 S., zahlr. Zeichn., kartoniert
ISBN 3-7698-1038-4

Über 120 einfache, Phantasie för-
dernde und unterhaltsame Spiele
für groß und klein ab dem ersten
Lesealter. Sie sind ohne Vorbereitung und Materialkosten überall
leicht einzusetzen.

Ursula Rücker-Vogler

Kinder können entspannt lernen

Grundlagen und Übungen

150 S., zahlr. Zeichn. u. S/W-Fotos, kartoniert
ISBN 3-7698-0754-5

Ausführliche Anleitungen zur Durchführung von Entspannungs-übungen zeigen, wie man auf spielerische Art entspannen kann. Praktische Übungen mit konkreten Einheiten wie Atemübungen, Phantasiereisen, Meditationen und Tiefenentspannung werden ergänzt durch Hintergrundinformationen.

Ursula Rücker-Vogler

Yoga und Autogenes Training mit Kindern

Anleitungen, Übungen, Märchen für Kindergarten und Grundschule

92 S., 25 S/W-Fotos, illustr., kartoniert
ISBN 3-7698-0623-9

Leicht nachvollziehbare Anleitungen zeigen, wie Kindern von etwa 4 bis 7 Jahren Freude an Beweglichkeit, Ausdrucksvermögen und Kraft in der Entspannung vermittelt werden kann.

Eva Reuys / Hanne Viehoff
Feste kreativ gestalten
1000 Ideen für Kindergruppen

308 S., zahlr. Zeichn. u. Noten, kartoniert
ISBN 3-7698-0615-8

„Feste kreativ gestalten" ist ein umfassendes Werk mit vollständigen Modellen zu allen Festen im Jahreslauf einschließlich Sommerfest und Kindergeburtstag. Für alle Einrichtungen und freien Gruppen mit Kindern von 5 bis 14 Jahren geeignet.

Eva Reuys / Hanne Viehoff
Freizeit mit Kindern gestalten

272 S., zahlr. Zeichn. u. Noten, kartoniert
ISBN 3-7698-0729-4

Freizeit nie mehr langweilig! Dieses Standardwerk zur Freizeitgestaltung bietet eine Fülle von Anregungen, nach Erlebnisfeldern gegliedert: Erkundungen und Naturbeobachtungen, Aktionen und Spiele, Geschichten, Werken und Gestalten, Lieder, Rezepte und vieles mehr.
Für alle Kinder von 4 bis 14; unentbehrlich für Erzieherinnen, Gruppenleiter, Lehrer und Eltern.